だいわ文庫

頭の中は「しぐさ」で9割わかる！

読んですぐ使いたくなる心理学91

多湖 輝＝監修

大和書房

まえがき

私は若いころ、工学系の先生たちの実験に驚かされたことがありました。建築物の模型にさまざまな角度から「力」を加え、歪《ゆが》みや破壊の様子を計測し、そのデータを実物大の建築物の強度計算に適用するのです。

最近では、理論物理学の分野などで、さまざまな理論や法則が発表されて世界中の人々を驚嘆させていますが、そうした理論や法則の導き方も工学系と類似のものと思われます。

ところが、医学や生物学の分野を見ると、どうでしょうか。医学の診断がいまだにコンピュータ化できないのも、人間が対象となると話が複雑になってくるからです。盲腸炎（虫垂炎《ちゆうすいえん》）の場合も、痛みの位置にはさまざまな状況が見られますし、発熱の状態も人によってまちまちといわれています。つまり、医学・生物学分野の理論や法則性の確率には、多種多様な不確定要素が入り込み、そう簡単には決められないわけです。

動物心理学なら、まだなんとかなるかもしれませんが、人間の心理、人間の社会の動きとなると、単純な法則などあり得ないと考えるべきかもしれません。

では、人間の心は、まったく予測できないのでしょうか。それならば、そもそも「心理学」などという学問が生まれるはずがないでしょう。ですから、私は、あえて「心理術」という言葉を多用してきました。

医学が医術から進歩していったように、心理学も心理術から徐々に「学問」になる過程にあるのかもしれません。でも私は、昔から「術」というレベルでも、日常の生活で役に立つ「法則性」もしくは「傾向」とか、起こりやすい、目につきやすい「規則性」のようなものを見出すことはけっして意味のないことではないと考えてきました。

昭和30年代からベストセラーを続けてきた私の著書『読心術』（光文社）でも、古今東西の先生方が鋭い眼力で築いた人の心を読み解く術を軸にしながら、私の見方や考え方などを披露してきたわけです。

人の心を読み解くには、何よりも「観察力」が重要です。人をよく観察していれば、そこに何かしらの法則性が見出せるからです。

そこで注目したのが、人間のしぐさです。人間のしぐさは、いろいろな情報の宝庫です。相手がいまどんな心理状態にあるのか、自分は相手に好ましく思われているのか。ふとした手のしぐさや表情、言葉の使い方に、人の心を読み取るヒントがあるのです。

たとえば、あなたが異性を好きになったとします。その相手が何かのしぐさを見せたら、それにはいったいどんな意味があるのか、知りたいと思うでしょう。

また、仕事でも同じことが言えます。いま上司が何を考えているのか、上司の様子から心の中が読めたなら、どんなに便利でしょう。そして、それに対応した態度をとれれば、仕事もスムーズにいくのではないでしょうか。

この本では、日常生活で目にする特徴的なしぐさやクセを取り上げてみました。ちょっとした目のつけどころによって、いままで気づかなかった深層心理がわかり、相手の考えていることも推測できます。そうなれば、人間関係もこれまでとは違ってくるでしょう。この本を活用することにより、あなたの人生が大いに充実したものになれば幸いです。

多湖 輝

頭の中は「しぐさ」で9割わかる！　目次

第1章　職場の人間関係

第2章 異性との関係

第3章 周囲との関係

第１章 職場の人間関係

同じオフィスで働く人たちとは、できるだけ良い関係を保ちたいものです。しかし、上司や同僚の中には、愚痴っぽい性格だったり、話すことがコロコロと変わるなど、いろいろ癖のある人もいます。それが思わぬ誤解やストレスを引き起こす原因にも。この章では、表情や身ぶりから、相手の心を読み解く方法を紹介します。どんな人なのか理解しておけば、嫌な思いをすることがあっても、冷静に対応できるはずだからです。

1 商談中に相手がジャケットを脱いだら、「契約はもらったも同然」

クールビズがずいぶん定着しましたが、商談にはジャケット着用で挑みましょう。意外な影響を相手に与えられるのです。

「衣服は第二の皮膚である」という言葉を知っていますか。

服装は着ている人の性格や心理状態をかなり的確に表現するものです。人は裸を隠すため、つまり本当の自分を隠すために衣服を着ているつもりですが、実はその衣服が逆に自分の心の中をさらけ出すことになっています。

その好例が、商談中にビジネスパーソンがよく見せるしぐさです。商談がまとまりそうになると、彼らはかなりの確率で、それほど暑くなくてもジャケットを脱ぎ始めます。

企業戦士などといわれるビジネスパーソンにとって、ジャケットは鎧《よろい》や兜《かぶと》のようなもの。それを相手の前で脱ぐという行為には、動物が上位のものに対して腹を見せるのと同じで、「まいりました」「これ以上抵抗はしませんので、好きにしてください」などの完全服従の意味が含まれています。日本には「兜を脱ぐ（降参する）」という言葉がありますが、まさにこれを意味しているのではないでしょうか。

厳しい商談や交渉が続き、どちらかが多少でも折れなければ決裂してしまう……。でも、なんとか成立させたいという切羽詰まったときに、相手の服装に注意してみてください。**ジャケットを脱がないまでも、ボタンを外したりネクタイを緩めたら、「こちらが折れるしかないか……」と思い始めている可能性大です。**このしぐさが見られたら、もう少し積極的に押してみましょう。

相手がボタンやネクタイに手を伸ばさないようなら、「失礼させていただきます」と、あなたのほうからジャケットを脱いでしまう手もあります。相手は、「ジャケットを脱ぐ＝降参」とは思わないでしょうが、あなたが「なんとかこの交渉をまとめたい」という強い気持ちを持っていることは伝わる可能性が高いでしょう。

ちなみに「先にジャケットを脱ぐ」というのは、相手が警戒感をあらわにしているときにも効果的な心理テクニックです。

2

「ストライプのスーツ」を着る人は、自己顕示欲が強い

石原慎太郎氏がはじめて国政選挙に挑戦したとき、白いブレザーと白い手袋で、清潔さと若さを印象づけました。服装は周囲に強いイメージを与えます。

こんな心理実験があります。同じ大きさのコップを2つ用意して、同じ温度のぬるま湯を入れ、一方に赤インク、一方に青インクをたらして並べておきます。そして「両方のコップに指を入れて、どちらのお湯が温かいか判断してください」と言います。すると、ほとんどの人が、「赤インクをたらしたコップのほうが温かい」と答えるのです。

これは温度の感覚が色に影響されることをあらわしています。色と人間の心理を調べる色彩心理学の研究によると、**赤、オレンジ、黄などの赤系統の色は温かい感じを、青、青白、白などの青白系統の色は冷たい感じを与える**と確認されています。

うつ状態になっている人、気分が重くて沈みがちな人には明るい色の服装がおすすめです。不思議なもので、そういう人にかぎって地味な暗い色の服装をしている場合が多いのですが、明るい色の服にすると、自分の体や動作が軽く感じられ、沈みがちな気分を明るくできます。

つまり、服装を見れば、その人の心理や性格を読み解くことができるわけです。代表的なものをいくつか紹介しておきましょう。

①派手な服装を好む人

派手な服装を好む人は、昔からよくいわれるように、自己顕示欲が強いタイプ。この派手さが度を越し、群衆の中にいてもひときわ目立つようになると、ヒステリー性格（274ページ参照）の持ち主と考えられます。しかも、金銭欲も人一倍強いでしょう。

また、原色のネクタイを好む人は、**一か八かの人生を送ることが多い**ようです。うまくいけば大成しますが、つまらないことで組織からはみ出してしまいます。

スーツは地味でも、カフスボタンやネクタイ、靴だけを派手にしている人は、体制に順応しながらも自己主張を望むタイプか、容姿の弱点を隠そうとしているのかもしれません。たとえば、髪の毛の薄い男性が一目で高級とわかる靴を履いたり、胸の小さな女性が超ミニを着ている場合がこれに当たります。このタイプは、自分の容姿に対してコンプレックスを感じているため、髪のことやバストのことには冗談でも触れないほうがいいでしょう。

②地味な服装を好む人

紺やグレーのような地味なスーツを好んで着ている人です。このタイプは体制に順応しやすい人です。言い方を変えれば、主体性に乏しい性格ともいえるでしょう。

しかし同じ紺でも、ストライプを好むとなると意味が違ってきます。日本では、代議士や中小企業の経営者などがよく着ていますが、これは偶然ではありません。**できるだけ自分を大きく見せたいという顕示欲が服装にあらわれている証拠**です。紺は安定したイメージを示す色ですから、顕示欲とともに「自分の地位は社会的に安定したものだ」と周囲に示したい願望もあるようです。

「猿は木から落ちても猿だが、代議士が落ちたらただの人」という言葉もあるとおり、現在の立場はそれだけ危うく、絶えず自分の地位が脅かされるのではないかと、大きな不安を抱えていることを示しています。

③流行に敏感な人

一般的には、女性のほうが流行を気にかけ、それに乗りやすいものです。しかし、最近では男性にも流行を必死で追う人がいます。これは体制に順応したがっていると考えていいでしょう。同時に、**自分に対する自信のなさの表現**でもあります。それが裏返しとなり、「一歩先の流行のファッションを身につけて自分の威厳を保ちたい」と思っているのでしょう。

④服装の趣味が変わる人

会うたびに服装の趣味が変わっている人は、**情緒が不安定か、変化に満ちた生活を送りたいという現実逃避願望を持っている**ようです。また、急に服装の趣味が変わった人の場合は、いままでの考え方を刺激する変化が起こっていると思われます。もしかすると新たな決意を抱いていると考えてもいいかもしれません。

3 携帯電話をよく見る人は、「多忙で有能な人」と思われたい

忙しい人が有能とはかぎりません。しかし、第三者はそう思い込みがちです。この心理を利用して、自分が有能だという印象を周囲に与えることができます。

てきぱきと仕事をこなしている人は、まわりの人にもよくわかるものです。時間を無駄にしたくないからと精力的に動き回り、とにかくいつも忙しそうです。こういう人を見ているせいか、私たちの中には自然に「忙しそうな人＝仕事ができる人」という図式ができあがるのです。

ある会社と新規取引を開始するとしましょう。せっかくなら有能な担当者と仕事がしたいと思うのは当然のことですし、担当者が無能だとしたら、その会社自体のレベルが低い気がしてしまうものです。逆の立場から言えば、自分をできるだけ有能に見せなければ、その取引は長続きしないということです。それどころか、あなたの低い

評価が取引中止の原因になったりしたら、クビも危うくなるはずです。

自他ともに認める有能な人物なら、こんな心配をする必要はないでしょうが、そんな人は滅多にいません。では、どうすれば自分を実際より有能に見せられるのでしょうか。

いちばん簡単なのは、**先方の担当者との打ち合わせ中や接待中に、誰かから電話をかけてもらったり、メールを送ってもらう**こと。話がはずんできたところに携帯が鳴り始めます。あなたは「申し訳ありません」と言いながら携帯電話にチラリと視線を向けるだけ。こういう人を見ると「この人はみんなに頼られている有能な人に違いない」と思うものです。

タレントがギャラの交渉をするときなども、事務所に交渉相手を呼び、外からわざと電話をかけさせることがあるといいます。多忙さを演出して売れっ子というイメージを相手に与え、最終的にギャラのアップをはかるわけです。

また、タレントの中には空港の待合室で取材に応じたり、移動の車の中で食事をする人もいるようです。そんな姿が報道されたりしますと、実際に多忙でなくても、多忙なイメージを与える効果もあるのではないでしょうか。

生き馬の目を抜くようなビジネス社会では、実力があるだけでは勝ちあがれません。「ちょっと姑息かな」と思われるような演出やテクニックが勝敗を分けることもあるのです。

たとえば、**打ち合わせの日程を決める際に、「いつでもいいですよ」では、「この人は暇なんだな」と思われてしまいます**。だからといって、「忙しいからなぁ……」などと、もったいをつければ、「スケジュール管理もできないのか。仕事の段取りが悪いのかもしれないぞ」と思われるかもしれません。

こんなときは、「○○日の午後4時から5時と、△△日の午前10時から12時、××日なら午後3時以降、このうちのどれかでお願いしたいのですが……」というように、希望時間をスポット的に伝えます。すると、たとえ他の時間がガラ空きだったとしても「他の時間はきっと埋まっているんだろう。有能な人は忙しいんだな」と、相手が勝手に良いほうに解釈してくれるのです。

4 「忙しい」が口癖の人ほど、忙しくない

自分の忙しさを必要以上にアピールしている人は、能力にコンプレックスを持っているかもしれません。

机の上に書類をうずたかく積み上げ、「自分は忙しい」という様子を周囲にアピールしている人がいます。そんな姿を見ると、「仕事熱心で会社のために奮闘している立派な社員」と無条件で思い込んでしまう上司や経営者がいますが、それが期待はずれに終わることもあります。

このようなオーバーなパフォーマンスをする人には、**自分の無能さに気づいて、それを悟られないようにしている**ケースがあるのです。自分の無能さを第三者に指摘されることに恐怖に近い感情を持っているため、ことさら忙しさを演出して有能を装うのでしょう。

本当に有能で忙しいのか、それともただ装っているだけなのかは、忙しさを理由に

同僚に押しつけている仕事の内容に注目すれば簡単に見分けられます。有能な人なら、周囲に押しつけるのは簡単な仕事だけ。逆に、難度の高い仕事ばかり押しつけているようなら、無能な人といえるでしょう。

一方、仕事には興味も関心もなかったグータラ社員が、ある日突然、有能なビジネスパーソンに変身することがあります。これは、非難や処罰を恐れて緊張している状態がピークに達して、緊張を解消するために、行動を変えたものです。

心理学の世界では、こんな行動パターンを「**反動形成**」といいます。「アイツも変わったな」という高い評価を受けますが、心の奥底には怠けたいという強い欲求があり、それに逆らった行動を続けていると、強いストレスを受けます。だから、何かのきっかけで元のグータラ社員に戻ってしまうことが珍しくありません。

また、有能なビジネスパーソンの中には、仕事ができない人を容赦なく攻撃する人がいます。これは抑圧した欲求に対する反動の可能性があるとされています。つまり、彼の心の中には怠け心があるということです。遠からずして遅刻やずる休み、イージーミスなどが出るのではないでしょうか。

部下を選ぶときには、このようなところまでチェックして、本当のやり手を見抜く目を持つべきでしょう。

ところで、人には誰でも得手不得手・好き嫌いがあるものです。もちろん、それは仕事にも当てはまります。心理学者のユングによると、性格による仕事の得手不得手は次の二型のようになります。

①外向的性格の人

他人がいると仕事の能率が上がるタイプです。雑然とした部屋で、同僚に囲まれながら十分に考え、まとめ上げることができます。

このタイプは、上司やたくさんの部下の前でも通常と変わらない実力を発揮します。ただし、**とにかく仕事のチャンスをつかもうとし、仕事の責任をとることは二の次と考える**傾向があるかもしれません。

②内向的性格の人

周囲に他人がいると仕事ができないタイプです。レポートや企画書などをまとめる際、何かしら口実をつけて会議室などにこもりたがる人がいたら、「ここでまとめろ！」と頭ごなしに言わず、静かな環境をつくってあげましょう。そうすれば、実力を発揮します。

このタイプは**上司や部下の前で注意深く振る舞い、なかなか本音を出しません。**また、仕事を引き受ける前に責任の重さを考えすぎて躊躇《ちゅうちょ》することがあります。

ユングによる分類は以上の2つですが、中には、外向的性格に見えるものの、上司の前で非常に慎重に振る舞う人もいます。

このタイプは仕事の仕方が派手で、上司にゴマをするのも上手です。また、周囲がちょっと持ち上げただけで調子に乗ることが多く、平然と図々しい要求をします。そのうえ、仕事上のミスや営業成績の不振などが発覚すると、他人の悪口を言いふらし、責任をすべて第三者になすりつけようとする人もいます。

さらに、会議が自分に不利な方向に進行したり、面白くないと判断したときには「頭痛がする」「気分が悪くなった」などと訴えます。世界は自分を中心に回っていなければ気がすまないのでしょう。チームを組む場合には最もやりにくく迷惑なタイプなので、行動をチェックしておく必要があります。

5

「無礼講で」と言う人をまともに信じないほうがいい

人は緊張していると本音を吐かないものです。本音を知りたいと思ったら、相手をリラックスさせること。その秘密のキーワードが「無礼講」です。

あちこちで子ども用のフォトスタジオを見かけます。小学校入学や七五三、誕生日などに記念写真を撮るわけですが、子どもの生き生きとした表情を撮るにはコツがあるそうです。それは、「ハイ、これで撮影を終わります。どうもありがとうね」と言った後、もう一度シャッターを切ること。こうすると、それまでカメラを意識して硬くなっていた子どもの表情がゆるむため、自然な写真が撮れるというのです。

誰でもフォーマルな場面では緊張を強いられ、日常とは異なる自分を装おうとします。このように**緊張した人がインフォーマルな場に出されると、それまで隠していた素顔や本音をつい出してしまう**ものです。「ハイ、終わり」と言われて子どもの表情がゆるむのも、緊張から解き放たれたからといえるでしょう。

ある税務Gメンに聞いた話ですが、相手が難攻不落だった場合には、調査が終わってから少し雑談をするそうです。税務調査を受けた人は、緊張の連続だったでしょう。それがすべて終了して、ホッと一安心。こんなときに税務Gメンはさりげなく、「あそこにかかっている絵はご立派ですね」と話しかけてみるそうです。

すると、相手は「いや、ここだけの話ですが、実はホンモノの○○作なんです」と、つい脱税の証拠になるようなことを口にしてしまうとか。嘘《うそ》のような話ですが、それまでの緊張が強ければ強いほど、弾みで口が軽くなってしまうのでしょう。

このように、フォーマルからインフォーマルへの転換点に注意を払っていると、相手が隠したがっている本音をちょっと知ることができます。

たとえば、一段落したときには必ず打ち上げを開くようにします。そして乾杯前に「今日は無礼講でいきましょう」と一言。すると、仕事を無事終えることができた安堵と酔いが重なり、普段はけっして口にしないことを口にしたりします。

社会経験の浅い人ほど、「無礼講」を「上司、部下といった堅苦しい上下関係を取り去っての宴会」という意味に受け取って、「無礼講というくらいだから、上司は俺たちと親しくなりたいんだ」と考えることがあります。もちろん、多少はそういった意味も含まれているかもしれませんが、**基本的にビジネスがらみの「無礼講」は、相手の本音を聞き出すために使われるケースが多い**ようです。

つまり、「無礼講」という言葉が出たときには、ホッと気をゆるめるのではなく、かえって注意しなければなりません。なぜならあなたの本音を聞き出そうと、誰かが耳をそばだてている可能性があるからです。

6 自由奔放な女性を好む上司は、〝神経質〟

夢想の世界で異性との関係を思い描く人がいます。ロマンチックで素敵な人と思いがちですが、実際には無口で孤独、心の底は意外なほど冷たい場合も珍しくありません。

「**類似性の要因**」という心理があります。生活習慣や嗜好《しこう》などが似ている人ほど親しくなりやすいということです。しかし、人間は自分が持っていないものを求める傾向もあります。これを「**相補性**」と呼びます。

この2つは相反する心理ですが、一般的に友人や恋人は類似性でつくったほうがいいとされ、結婚相手は相補性で探したほうがいいといわれています。ヨーロッパの王室には、血統主義にこだわるあまり、血族結婚に近い縁組みを繰り返した結果、滅びてしまった一族があります。一方、異なる血統の一族との結婚を推奨した王族は長く栄えました。このことからもわかるとおり、相補性は心理的な問題だけではなく、生

命力の強い子孫を残すといった遺伝的な問題にも好結果を生みます。滅びてしまった王族は遺伝的な問題を無視した結果、生命力を維持していけなかったのでしょう。

　こうしたことから、洋の東西を問わず、**異性の趣味に関しては、性格、能力、容姿などのすべてにおいて、自分と正反対の要素を持っている人を好む傾向がある**といわれています。豊臣秀吉が出世するにつれ、次々と身分の高い美女を側室に迎えたのも、自分に欠けていた身分の高貴さへの渇望があったと考えて間違いありません。

　そこで、上司の好みの女性のタイプがわかれば、性格が見えてくると思われます。たとえば、几帳面な女性を好む上司は、おおらかで細かいことにこだわらないタイプが多いようです。逆に、自由奔放なタイプを理想とする上司は、神経質で真面目な性格といえるでしょう。

　また、自分の交際相手や配偶者について話すときに相手を理想化するような人は、クレッチマーのいう「分裂質」と考えたほうがいいでしょう。分裂質は、性格の中に謙虚さと傲慢さが同居していて、一見社交的に見えても、心の底は意外に冷たい場合があります。そのため、このタイプの上司は、いまは何かと気にかけてくれていても、あるときを境にして突然背を向けて、敵対する関係になる場合もあるのです。

⑦ やたらに「相づち」を打ってくる後輩は、あなたに「反感」を持っている

報告の最中に中座されてしまったり、過剰な丁寧語を使われた場合、相手は反感を持っていると考えていいでしょう。

子ども同士によく見られるケースですが、昨日までは仲がよかったふたりが、出会っても知らんぷりで口もきかないことがあります。A君に知らんぷりをする理由を聞いてみると、「B君がボクの悪口を言ったから絶交したんだ」といった、たわいのない答えが返ってくるものです。

こんな場合、B君が仲直りしようとしてA君に話しかけても、A君は返事などもちろんせず、そっぽを向いてしまう報復行為に出たりします。「親友だと思っていたのに」という信頼が裏切られた気持ちが反感となって、説得を拒否しているのです。

これほど露骨ではないものの、同じような状況は大人の世界でもよく見られます。イベント会社に勤めている友人に「○○のコンサートチケットとってくれないかな」と頼んだとき、「OK、わかった」とは言ってくれたものの、何もしてくれずコンサート当日を迎えてしまったとしましょう。単に忘れたという可能性を排除すれば、これは、その友人があなたに対し抑圧された反感を持っているために起きたと考えられます。

また、後輩や若年者のように下位にいる人が、上位にいる人の説得に対し、やたらに相づちを打ったり、極端に丁寧な言葉を使って対応する場合も、抑圧された反感を持っていることが考えられます。

このような抑圧された反感が生まれるのは、子どもたちの例と同様に、期待が裏切られたことが原因です。たとえば、「あなたは俺がミスしたときにかばってくれなかった」「先輩は俺のことを無視した」というような出来事があると、その人の心に反感が生まれます。

お互いに激しい敵意や反感を抱いていても、それを人目にさらすのは、他人に不快感を与えることになります。そこで、心理学用語でいうところの**「反動形成」**が働き、

丁寧すぎる態度が生まれるわけです。

さらに、人間は不快なことは忘れようとする傾向があります。そのため、反感も抑圧されて無意識に閉じ込められます。ところが、この無意識の反感は、説得や何かを依頼されるという場面になると意識化され、「冗談じゃない。アイツの話など聞いてたまるか！」という思いが生まれるのです。

これが、先輩が後輩に反感を持っている場合のように、上位が下位の者に対するときは、その気持ちは抑圧されずにストレートに出てきます。「○○のコンサートチケットとってくれませんか」と頼まれても、「お前は約束を守らないから嫌だよ」と反発したり、話そのものを聞きたがらないという態度に出ます。これはこれで困ったことですが、反感は抑圧されず、深層心理に根を張らないため、かえって対応しやすいといえるでしょう。

もし抑圧された反感を持たれてしまった場合、最初にやるべきなのは、**相手のそんな非論理的な感情を認める**ことです。「あなたが私に反感を持っているのはよくわかりますし、それを認めます」と言葉や態度であらわすのです。

相手が後輩や年少者のように下位にいる場合は、「ずいぶん僕も嫌われたものだね」

などと、相手の反感を受け入れながら、相手が自分の反感に気づくように仕向けましょう。こちらから気づくように誘導すれば、嫌でもいまの言葉に反応せざるを得なくなります。「なに言ってるんですか、そんなことありませんよ」とか「先輩の思いすごしですよ」と相手が口にすれば、深層心理にある反感は急激にしぼんでいくものです。

ただし、これを上位者にやると、かえって反感をつのらせますから注意してください。そのときは、「私のような者がこんなことを言うのは僭越《せんえつ》ですが……」などと思いきり下手に出ること。なぜなら、上位者が攻撃をしかけてくる裏には、「コイツがどのような態度に出るか試してやろう」という気持ちがある場合が多いからです。

反感の意思表示をされるとそれを無視して、こちらの正当性を主張したくなるのが人間というもの。しかし、そんなことをすれば、お互いの心理的距離は離れていくばかりです。**こちらがあくまでも下位であると示し続ければ、相手は許すきっかけを持つことができます。**

攻撃を受けるたびに「私のような者が……」と下手に出ていれば、相手の反感は次第に弱くなっていくものです。

8 話の途中で「ペンを落とす」人は、退屈だと思っている

話が長い上司や、演説が上手なライバルと会議に出るときにはポケットに10円玉を忍ばせておくこと。発言が始まったら、10円玉を床に落とすのです。

国会中継を見ていると、野党議員が飛ばすヤジで発言者の言葉がさえぎられることがあります。ヤジにカッとなって我を忘れてしまう人もいますが、それでは相手の思うつぼ。このことからもわかるとおり、ヤジというのは発言妨害にとても効果的です。

しかし、上司や幹部の発言にヤジを飛ばすわけにはいきません。そこで利用したいのが、ちょっとした物音です。

たとえば会議などでの発言中に、隣室の電話がかすかに聞こえただけで、一瞬そこで絶句することがあります。同時に、いままで熱心に耳を傾けてくれていた参加者の

間にもざわめきが起きます。こうして話が途切れてしまった後は、なんとも話しづらいものです。

ちょっとした物音で発言が妨害されるのは、意識が拡散してしまうからです。これは、原始時代に、絶えず周囲の物音に聞き耳を立て、身を守ってきた反応の名残といってもいいでしょう。

ただし、同じ物音でも連続的だったり予想できる物音に対しては、こんな反応は起きません。レストランやコーヒーショップで流れているBGMなら気にせず話を続けられますね。でも、注文した料理や飲み物が運ばれてきて食器が「カチャッ」という小さな音を立てただけで、全員が黙り込んでしまうことがあります。

これを応用して、もし上司が長話を始めたら、あらかじめ用意しておいた10円玉を床に落としてみましょう。すると、床に落ちた音で必ず口が止まります。そこを狙って、「ところで……」と話を転じてしまうのです。

実際、上司の長話が始まってしばらくすると、偶然を装って机の上の書類を落としたり、手にしているペンを落とす人がいます。**とくに床に落ちた書類が派手に散らばったときは効果が倍増。**「すみません。申し訳ないです」などと言いながらかき集めているうちに、話の腰を折られた上司は、「あれ、なんだっけ……。まあ、いいや」となる可能性が高いでしょう。

また、真剣な話をしている最中にボソッとひとり言を言ったり、まったく関係のない話題を持ち出して話を中断してしまうというのもいい方法かもしれません。とくに、断りたくても断れない場合、あるいは相手の押しが強くて、こちらの主張をなかなか受け入れてもらえない場合に、この方法は効果的です。

ただし、これは何度も連続して使えないテクニックなので、別の方法で上司の長話を封じたい場合には、**会議の冒頭にその人にしゃべってもらう**ようにしましょう。おしゃべりな人は、とにかくしゃべってしまわないと気がすまないからです。

そこで、「まずは○○部長から一言いただくことにします」と、立てたようなふりをして思いきり発言してもらいます。そうすれば「しゃべりたい」という欲求が満たされると同時に、自分だけが一方的に話をしていることに気づき、負い目ができて、おしゃべりにブレーキがかかるはずです。

9 遅刻の常習犯は、「自分を大物に見せたがる」

分刻みで仕事をこなしていると見せかけると、有能さをアピールできます。遅刻してもしかたがないと、相手はかなり寛容になります。

どこの会社にも、パーティや会合に5分か10分遅れてくる遅刻常習犯がいるはずです。着くとハンカチで汗をふきながら、「いやぁ、相変わらず貧乏ヒマなしで」「前の打ち合わせが長引いて」などと、申し訳なさそうな態度をとりながら、忙しさを強調してみせます。

初対面の人は、「仕事に追われる有能な人だろう」と錯覚するかもしれませんが、それは遅刻常習犯の思うつぼ。**実際は約束に間に合わないほど仕事に追われているわけではなく、暇を持てあましている場合が多い**のですから。

日本では、忙しさが有能さのシンボルのように思われている面があります。たしかに分刻みのスケジュールで動いている財界の重鎮や大物政治家は、たいていパーティや会合に遅れがちです。しかし、だからといって「遅刻の常習犯は大物」という考え方は成り立ちません。

ところが、私たちには「逆もまた真なり」と思い込んでしまう心理があります。「時間に追われている人はすべて有能。だから、遅刻してきてもしかたがない」と、本来なら怒られるはずの遅刻常習者が寛容な態度で迎えられたりします。そんな心理を利用して、自分を大物に見せるために、わざと遅れてくる人もいるようです。

ただし、ビジネスの世界で遅刻は厳禁。そこで、自分を有能に見せたいなら、この心理テクニックを応用して使ってみましょう。人と待ち合わせをするときには、「午後3時に」と約束するのではなく「午後3時5分でお願いします」と、分刻みでスケジュールをこなしているように見せかけるのです。そして、到着したら時間が15分しかないことを真っ先に告げ、話が途中でも3時20分には立ち上がり、次の約束に駆けつけるそぶりを見せます。

もし、10分前に待ち合わせ場所に到着してしまったら、近くのコーヒーショップなどで時間をつぶし、約束の時間にあたふたと待ち合わせ場所に駆けつければいいでしよう。

ただし、**相手が粘着気質（義理堅い、几帳面、生真面目《きまじめ》、激怒する、融通がきかない、頑固などの性格傾向を持つ）の人の場合、遅刻は無礼な振る舞いと受け取られる**ので、注意が必要です。粘着気質の人はすぐには怒り出しません。忍耐強いのも、この気質の人の特徴だからです。そのかわり、一度怒らせたらたいへんなことになると覚悟しておいたほうがいいでしょう。

10 急に「イメージチェンジをする」人は、ストレスを抱えている

不安で消極的になったり、やる気をなくしてしまった心を復活させるには、思いきってイメージチェンジしてみるのがいちばんです。

会社で嫌なことがあったり、ストレスが大きくなると、「今日は仕事に行きたくない」「もう辞めたい！」と思ってしまうものです。こんなとき、女性ならいつもと違ったメイクをしてみると、気分がガラリと変わって元気に出社できるのではないでしょうか。

最近は24時間営業のお店も珍しくありませんから、嫌なことがあった日には帰宅前に新しい化粧品を買い、翌朝、いままで使ったことのない色でメイクをしてみましょう。**おすすめは、ビビッドなオレンジ系や赤、華やかなピンク系**など。服装と同じで、明るい色でメイクをすれば気分まで明るくなるものです。

男性の場合は、いままで伸ばしたことのないヒゲをたくわえてみたり、あるいは自

慢のヒゲを綺麗さっぱり剃《そ》ってしまうと、昨日までの嫌な気分から抜け出せて、新しい一日をスタートできます。このように気分転換できるのは、ヒゲという自分のイメージを演出するシンボルを新たに作ったり、とることによって、別の人間に生まれ変わったような気分になれるからです。

もし、隣の席の人が突然イメージチェンジしてきたら、それは何かのストレスにさらされているというメッセージかもしれません。だからこそ、「ちょっとそのメイク、派手すぎるんじゃない？」とか、「せっかくヒゲが似合ってたのに、なんで剃ったの？」などと口にしてはいけません。気持ちを切り替えようとしているのですから、「いい感じだね」「そういうのも似合うね」くらいの声かけをしてあげたいですね。

ところで、**イメージチェンジがとくに効果的なのは、「彼（彼女）は消極的で、戦闘力不足」などのマイナスイメージを周囲に持たれているとき**です。もちろん行動も改める必要がありますが、それと同時に積極的なイメージを与えるシンボルを作って、新しい印象を与えるのです。化粧やヒゲ以外にも、髪形を変えてもいいし、個性的なメガネをかけるのもいいでしょう。いままでメガネをかけていた人なら、コンタクトレンズにするというイメージチェンジもあります。

こうして新しいシンボルを作り、それが周囲に定着してくると、いままでは「内気な○○さん」と言われていた人が、「ヒゲの○○さん」などという呼び方に変わります。

そして、**積極的なイメージで周囲に受け入れられるようになると、自分が持っているイメージも次第に積極的なものに変わっていき、実際に積極的な人間に変身できる**ものです。ある宅配業者が急成長したのも、運転手を「セールスドライバー」と名づけて宣伝したことが、一役買っているのではないでしょうか。仕事の印象がよくなれば、働く人の職業に対するプライドも高まり、業績もアップするというわけです。イメージというのは、これほど影響力のあるものということですね。名前やスタイルを変えると、中身まで変わってしまう――人の心理とは、やはり不可思議なものです。

ところで、イメージチェンジと一口にいっても、さまざまなやり方があります。代表的なものとしては、次のパターンがあげられるでしょう。

①ヘアスタイルやメイクを変える

誰でも一度くらいは経験があるスタンダードなイメージチェンジです。このパターンを選ぶ人は、**常識的でまわりの目を気にする**タイプ。だからこそ、「その髪形は似合わない」とか「派手なメイクだね」などと言われると落ち込んでしまいます。

②洋服や持ち物を変える

それまではトラディショナルなスタイルだった男性が、あるときを境に、ワイルド系やデザイナー系の物を選ぶことがあります。女性ならば可愛らしいナチュラル系からセクシー系、または、スタイリッシュなクールビューティー系への転身といったところでしょうか。こうしたタイプは**「絶対に自分は変わるんだ」という強い意志を持っている**場合が多いようです。だから、人からどう言われようと揺るぎません。

③自分そのもののキャラクターを変える

これこそが究極のイメージチェンジといえるでしょう。それまでは引っ込み思案だった人がどんどん発言するようになったり、嫌なことをはっきりとNOと言えるようになったり。これは、イメージチェンジを図るというより、**もうすでに自分の中で吹っ切れている**状態でしょう。ただし、それまでの性格をある日突然変えるのは難しく、自分でも気づかないうちにストレスをためている場合があります。

11 「ポーカーフェイス」ができない人は、逆境に弱い

ゲームがヒートアップすると深層心理が顔を出します。それを「自我関与」の度合いが強くなるといいますが、冷静な判断ができなくなってしまうのです。

ゲームというのは人生の縮図みたいなものでしょう。思いがけなくツキが回ってきたかと思うと、いくら努力しても裏目に出ることもあります。また、絶体絶命のピンチの直後に起死回生のチャンスが訪れることもあります。まるで苦楽に振り回される私たちの人生を、そのまま映し出しているようです。

たかがゲームと思うかもしれませんが、これほど極端に明と暗、苦と楽という心理的なゆさぶりを激しくかけられる機会はそうありません。しかも、ゲームには「実際の人生とは違う」という安心感がありますから、人の心を無防備にします。つまり、ゲームを見れば、本心や本音が見えてくるということ。とくに深層心理があらわれや

すいのは、その人が不利な状況に陥ったときです。そんなときの代表的なパターンを教えておきましょう。

①ポーカーフェイスがつくれない　ピンチになると急に無口になったり、露骨に不機嫌になる人です。それが、ますます自分を窮地に追い込むことになります。これは、危機的状況に耐えきれない反応です。麻雀《マージャン》などで、負けが込んでくると同じ役ばかりつくろうとする人がいますが、それも同じです。このタイプは心理学的にいうと**「欲求不満耐性（フラストレーション・トレランス）」が低い人**で、実生活でも粘り強さに欠け、逆境に弱いところがあります。

②負けを引きずる　最初の勝負に負けてしまうと、まったく実力が発揮できなくなったり、ちょっとしたミスを突かれると総崩れになって完敗するタイプです。一種の退行現象で、**暗示に弱く、傷つきやすい未熟な性格**であることをあらわしています。仕事でも、最初にミスをしてしまうと、その後も挽回《ばんかい》できない場合が多いので、このタイプの部下には簡単な仕事から与えるといいでしょう。

③自分の手に夢中になってしまう　思いがけなくいい手が回ってくると、自分の手に夢中になるあまり、それまでの会話や冗談などがうわの空になってしまう人です。自分では会話しているつもりでも、まったく他人とかみ合わなくなります。

このタイプは視野狭窄《きょうさく》で周囲のことが見えなくなるのです。**同時に複数のことをこなすのが苦手**ですから、ひとつの仕事を集中してやらせるほうがいいでしょう。男性よりも女性に多いのが特徴です。

④陽動作戦に弱い　勝負事にはつきものなのが他人の軽口や悪口です。それを右から左に受け流すことができず、思考がかき乱されてカッとしやすいタイプです。**暗示に弱く、集中力に欠ける**ため、仕事では凡ミスに注意したほうがいいでしょう。

⑤往生際が悪い　負けると「もう一度」と言って、勝つまで解放してくれなかったりします。また、**勝負の途中で「ちょっと待って!」が多いタイプ**。ゲーム相手としてずる賢い性格のように思えますが、精神年齢が幼いだけと考えたほうがよさそうです。仕事でも常識外れのクレームや要求を突きつけてくることがあります。

⑥勝ち負けを腕のせいにする　このタイプは**気が弱く神経質**ですが、プライドの高さも相当なものです。負けを自分の腕のせいにするのは謙虚な態度のように思えます。でも、次に勝ったときに、自分の能力を周囲が認めざるを得なくなることをあらかじめ計算している可能性があります。

⑦勝ちは腕のせい、負けは運のせいにする　虚栄心が強く、自分を実際以上に見せようとしています。勝ち気ですが暗示にかかりやすく、**ちょっとしたつまずきで自信を失う**ところもあります。

⑧負けを相手のせいにする　このタイプは**自信家で自我の強い人**です。仕事で失敗しても自分の責任とは思わず、「他人に妨害されたから失敗したんだ」と考えます。しかも、たった一度誰かに勝っただけで「○○に勝ったことがある」といつまでも自慢したがります。

友人や先輩などから文句を言われたときに、感情を押し殺したように無表情になる人がいます。しかし無表情は、けっして無感情をあらわしているわけではありません。

12 あごをなでたり突き出す人は、「プライドが高い」

怒ると無表情になってしまう人は、とても傷つきやすく反省しやすい人と考えるべきです。したがって、「なんだ、その不満そうな顔は！」などと怒ると逆効果になります。

本来、顔の筋肉は心の動きによって変化するものです。無表情なのは、それを表に出すまいと努力している証拠です。つまり、心の中に渦巻く不満を懸命に抑えようとしているわけです。私はこれを「**デスマスク症状**」と呼んでいます。

さらに緊張が増すと、目をしばたく、鼻の頭にシワを寄せる、顔面がけいれんするなどします。これらはチック（ひきつり）と呼ばれる症状ですが、相手の顔にチックが見られたら、かなり不満を抱えていると考えたほうがいいでしょう。

たとえば、会社訪問をした際に従業員にチックが見られたとしたら、職場環境がかなり悪いと考えられます。また、後輩の顔にデスマスク症状やチックが見られたら、あなたに対する不満がかなり高まっている証拠。「なんだ、その顔は。文句でもあるのか！」などと言えば、懸命に気持ちを抑えている感情を逆撫《さかな》でするようなものです。後輩は上下の関係をなんとかして保とうとしているのですから、その場では何も言わず、後日、じっくり話し合いましょう。

顔に関する動きといえば、1972年、アメリカのニクソン元大統領がウォーターゲート事件で厳しく追及されていたころ、頬やあごなど、顔の各部をしきりになでたりする癖が目立ったことがありました。

また、ウォーターゲート事件と同時期、日本では田中角栄元首相が金脈事件で窮地に立たされていましたが、そのときに、後に彼のトレードマークとなる、あの顔の汗をしきりに拭《ぬぐ》うしぐさが見られました。

実は、このように**顔に手をやるしぐさは、弱点を指摘され、自信が脅かされるとつい出てしまう**のです。自分の弱さを無意識のうちにかばおうとするためのものと言っていいでしょう。このようなしぐさは自信家に多いのが特徴です。

顔はいちばん人目につくところです。そこで、自分の弱点を突かれて自信が脅かされたときに、人はその「看板」を真っ先に守ろうとするのです。

また、怒られたときにあごを突き出す人がいますが、これはプライドが高く、自分のしたことや言ったことは間違いないと考えていると思われます。「文句を言われるのは心外だ」と思っているため、なぜ怒っているのかを説明する必要があります。

逆に、**怒られたときにあごを引く人は心を閉ざしており、かなりの敵対心を持っています**。友人同士の場合は嫉妬を感じていることが多いので、攻撃されないように注意が必要です。

13 仕事のやり方を押しつける人は、「家庭問題を抱えている」

仕事ができる人とワーカホリックは違います。後者の場合は、仕事でしか賞賛が得られないと考えています。

職場でサービス残業を強要されるというケースがありますが、中にはすすんで月に100時間以上の残業をこなす人もいます。いわゆるワーカホリックといわれる人で、とにかく仕事一途《いちず》です。日曜や休日も返上して仕事に打ち込み、仕事が途切れるとホッとするどころか、酒が切れたアルコール依存症患者のように、見た目にも不安定な状態に陥ります。「仕事熱心」「仕事の鬼」と思いがちですが、深層心理には複雑な問題が渦巻いているようです。

　私たちの生活は、仕事、家庭、余暇の3つに大別できます。通常は、活動エネルギーを3つに配分して精神と肉体のバランスをとっていますが、強い欲求不満が発生す

ると、このバランスが崩れてしまいます。

ワーカホリックの人は、家庭に問題を抱えているケースが多いようです。たとえば夫婦仲がうまくいっていないとか、子どもが非行に走って困っているなど、直面したくない不安を抱えているため、異常なまでのエネルギーを仕事に注いでいるのです。

また反対に、**仕事で大きな挫折や自信喪失を体験すると、過大なエネルギーが家庭に注がれてマイホーム主義になりがち**です。

このように、悩みや不安を何かに打ち込むことで軽くしようとするのは、「**防衛機制**」という心理メカニズムのひとつで、「**現実逃避**」ともいわれます。ワーカホリックは、この逃避が連続して生活の中に定着してしまったものなのです。

マイホーム主義は、仕事の仕方を見れば簡単に見分けることができますが、ワーカホリックかどうかを見分けるためにはどうすればいいのでしょうか。ポイントは、**自分の行動を合理化しようとする言動が見られるかどうか**です。

たとえば、酒の席などで「自分は50歳までに、本当に仕事と呼べる仕事がしたい」などと独自の仕事哲学を吹聴《ふいちょう》し、それを周囲に押しつけたがる人がいたら、ワーカホリックと考えて間違いないでしょう。

14 指導力のある上司ほど、「私が悪かった」と口にする

こちらに非があると最初に認めてしまえば、よほどの頑固者でもないかぎり、相手も自分にも非があったことを認めます。

「別れ話を持ち出すのは、口説くときよりも難しい」といわれます。実際、別れ方がまずかったばかりに、相手がストーカーに変身し、さまざまなかたちで危害を加えられるという事件も起きています。

ところが、プレイボーイとして有名な某俳優は、別れ話で一度も女性とトラブルを起こしたことがないそうです。彼が別れ話を持ち出すときは、けっして相手を責めたりはしません。いや、仮に責めたとしても、責めているように相手に思わせないところに、彼の絶妙な心理テクニックがあるようです。

彼はまず「ボクが悪かったんだ」と自分を悪者に仕立てます。別れたがっているのは彼のほうですから悪いのは事実なのです。でも、こうして**非を認めることで、女性**

は軟化します。よほどの頑固者以外は、自分にもある小さな非を認め、別れ話を受け入れる方向へ気持ちが傾くとか。「別れの原因が自分にもある」という錯覚を女性に与えると、それが別れを納得するための根拠になるわけですね。

これは、部下を叱るときにも応用できる心理テクニックです。たとえば、前日のプレゼンテーションで部下が大きなミスをしたとしましょう。当然、部下は叱られることを覚悟しています。しかし、ここで「よくも会社に出てこられたな!」などと一喝すれば、たとえすべての責任が自分にあるとわかっていても、必ず反感を抱きます。

100パーセント自分に非があっても、それを他人から激しく非難されると、非を認めたくなくなる心理があるためです。しかも、このように頭ごなしに叱ると、部下との間に感情的なしこりが残ってしまい、将来的にもマイナスになります。

そこで、こんなときはまず「昨日のプレゼンテーションについては、上司の私にも責任があると痛感しているよ。悪かったな」と、自分にも非があったように話すのです。部下は自分に非があるとわかっていますから、こうまで言われると自ら非を認めざるを得なくなるわけです。

物事には必ず原因と結果があります。そして、原因はひとつとはかぎりません。さまざまな状況が絡み合って結果につながっていくものです。だからこそ、思うような結果が出なかった場合も、「○○さんが100パーセント悪いから、こうなった」とは言えません。そこに何人かの人間が関わっていたのであれば、割合こそ違いますが、それぞれに原因を抱えているものです。

「申し訳ない」などと口にすると自分に非があるようにとられかねないので「うっかり謝ってはいけない」と言う人がいますが、スマートに処理したいと思うならば、まず「自分に非があります」と口に出してしまうほうがいいでしょう。誰かがそう言い出せば、「そうだ、お前が悪いんだ」と言い切れる人はあまりいません。なぜなら、**その人にすべての責任をなすりつけているようで、ばつが悪いから**です。

さらに、「できれば穏便にすませたい」という人間心理が働きます。とくに人と人との関係では、真実を質《ただ》すとか真理を明らかにする以前に、せめてうわべだけでも波風が立たないようにしたいという気持ちが働くのがごく普通のことなのです。そのため、よほどの頑固者でもないかぎり、「いやいや、私のほうこそ……」と謝らざるを得なくなるのです。指導力のある上司ほど、このような心理を理解しており、「私が悪かった」と先に口にするわけですね。

15 「小耳にはさんだ」と言う人は、根回しがうまい

テレビや新聞で特定の党派の優勢が伝えられたり、賛成票が多いという予測が発表されると、投票者にはそれに同調する傾向が見られます。

ビジネスパーソンなら誰でも、「この企画をなんとしてでも通したい」と思うことがあるはずです。そんなときには「**バンドワゴン効果**」という心理を利用するといいでしょう。

バンドワゴン効果とは、いわゆる「勝ち馬に乗る」ことで、人が多数派に便乗しやすい心理傾向を指します。パレードの先頭を行く楽隊車（バンドワゴン）が賑《にぎ》やかな音楽を奏でると、人々が引きつけられて行列に加わることから、優勢な党派に従って何らかの利益を得ることを比喩したものです。選挙速報などを見ていると「地滑り的勝利」という言葉が使われますが、これも選挙前にマスコミ各社が「○○党が有利」とアナウンスしたことで、その政党への支持が一層強くなった結果です。

このバンドワゴン効果は、誰に投票したかがわかるケースではとくに強く働くといわれています。そこで、挙手などで自分の意思をあらわす社内会議では、大いに利用できると思われます。

ただし、社内会議の動向をアナウンスしてくれるマスコミはいませんから、自分でやらなければなりません。このとき注意したいのは、自分から「オレの企画が有利らしいよ」と言いふらしても周囲はそれを真に受けない点です。第三者の協力を得て、「小耳にはさんだんだけど、今回の会議では○○さんの企画が有利らしいよ」と広めてもらう必要があります。

ポイントは「小耳にはさんだ」という言葉を使うこと。そうすれば、**「この話は企画者本人が広めているわけではない」という印象を相手に与えるため、警戒心なしに話を受け入れてくれます**。気をつけてみると、みなさんのまわりにも「こんな噂《うわさ》を小耳にはさんだんだけど……」と、あちこちで話している人がいるはずです。そして、たいてい彼らの企画や提案は通っているのではないでしょうか。それは彼らが、「小耳にはさんだ」という言葉を実に巧みに使って、自分に有利になるような情報を間接的に流しているからかもしれません。

16 「大きなバッグ」を持ち歩く人は、気が弱くて神経質

バリバリ仕事ができる女性は、大きなバッグを持ち歩く人が多いようです。しかし、中に入っているのは資料ではなく、不安かもしれません。

バッグは人の心理をあらわす鏡といわれています。つまり、その種類や持ち方を見れば、その人の考えや心理状態が手に取るようにわかるということです。

そこで、バッグの種類・持ち方から心理を読み解いてみましょう。

①いつも大きなバッグを持ち歩いている人　バッグの大きさは不安の大きさに比例しているようです。つまり、大きなバッグを持っている人ほど大きな不安を抱えています。もともと心配性なところがあり、「あれを忘れていないだろうか」「この書類も必要になるかもしれない」と考えるため、どうしても荷物が多くなりがちです。大きな

バッグを持ち歩いている女性は自信満々のキャリアウーマンというイメージですが、実際には**とても弱いナイーブな女性**で、包容力のある男性に守られたいと感じていたりします。

②小さなバッグを持ち歩いている人　不安が少なく、自信に満ちています。必要なものはすでに準備してあり、持ち歩く必要はないと思い込んでいるところから、自信家や楽天家という傾向も見てとれます。**几帳面**だから持ち歩く荷物が少なくてすむという見方もできるので、このタイプと待ち合わせをするときには絶対に遅れないように。5分前に待ち合わせ場所へ行っても、きっと相手は来ているはずです。

③アタッシュケースを持ち歩いている人　アルミや革でできている丈夫なバッグは、外界から中身を安全に保護してくれます。つまり、**周囲からとやかく言われても影響を受けにくい人**といえるでしょう。そのため、このタイプを説得するのは苦労するはずです。しかし、一度心を開いてしまえば、強い仲間意識を発揮してくれます。

④デイパックを持ち歩いている人　スーツにデイパックという姿もよく見かけるようになりました。他のバッグと違い、デイパックなら両手が常に自由なままです。つまり、どんな状況にもすぐ対応できる状態にあるということ。行動的で積極的な人物と考えていいでしょう。また、個性的で、**周囲からどう見られてもかまわないというマイペースさがあります**。しかも、背中の荷物には目が届きにくく、電車の中などで第三者に迷惑をかけていても気づきにくいものです。このことから、他人への配慮が不足しがちな人もいます。

⑤口の開いたバッグを持ち歩いている人　誰でも手を突っ込めるようなバッグを持ち歩いているのは、無防備な状態をあらわしています。開放的な性格ですが、もしビジネス用でも口の開いたバッグを持ち歩いているなら、**慎重さに欠ける**かもしれません。親しみやすい人物ですが、重要な仕事を任せるにはちょっと不安が残ります。

⑥他社の紙袋を持ち歩いている人　ブランド物の紙袋を持ち歩く人と同様に、その企業に憧れを持っている証拠です。周囲から「○○社の人だ」と思われることに快感を

覚えるようです。**プライドが高く、見栄っ張りなところがある**と考えたほうがいいでしょう。

⑦バッグの中が整理されていない人　友人の様子がおかしいと感じたら、バッグの中をそっと覗《のぞ》いてみてください。もし中がぐちゃぐちゃだったら、**人間関係がうまくいっていない可能性があります**。既婚者なら配偶者との関係、子どもがいるなら親子関係でトラブルを抱えているのかもしれません。バッグの中の乱れがうつ病発症の発見につながったケースもあるので、心当たりがあれば注意して見てみましょう。

⑧バッグをいつも胸の前に持っている人　心臓という最も重要な臓器がある胸を隠すのは**不安のあらわれ**です。また「助けてほしい」という気持ちの場合もあるので、優しく親身に接して相手の心を開かせてあげましょう。

⑨バッグをよく置き忘れる人　物を忘れる人は、**「拡散的思考」の持ち主**といわれています。実は、この思考を持っている人は創造的で新しい発想を生み出すのが得意です。

17 なんでも安うけあいの人は、「悪役になるのは嫌」と思っている

「NOとは言えない症候群」の人がいます。周囲の人たちに迷惑をかけているのに、それでも安うけあいしてしまう……。そんな人の頭の中はどうなっているのでしょうか。

得意先からの注文はもちろん、社内の他部署からの依頼も、なんでも二つ返事で引き受けてしまう人がいます。根っからの楽天家で見通しが甘いらしく、「NO」と言えないようです。交渉のときも、「NOとは言えない症候群」は顔を出します。どんなにたたかれても、これ以下ならば引き受けないというラインを設定して話し合いに臨むのですが、結局は、先方の言いなりになってしまいます。その結果、大迷惑をこうむるのは周囲の人間です。無理な注文を引き受け、赤字スレスレのような予算でなんとか仕上げようと苦労させられます。そのたびにスタッフは残業続きになるでしょう。

自分の周囲に迷惑をかけるとわかっていても、すぐ安うけあいしてしまう人は、基

本的には、自分のイメージを大切にし、「絶対に悪役になりたくない」と思っています。人から嫌われたくない気持ちが強すぎて、どんな場合も相手の要望を受け入れてしまいます。**これなら、自分を嫌いになる人はいないと頭から思い込んでいる**のです。

しかし、いい顔をしたいというなら、なぜ、周囲に迷惑をかけるのを承知で、安うけあいしてしまうのでしょう。それは、その人にとって、スタッフやチームメンバーは身内にすぎないからです。「仕事を支える足元のスタッフを大事にしなければ」という考えがないと思ったほうがいいでしょう。

こんなタイプの人は、スタッフに去られ、にっちもさっちも行かない大きなダメージを受けないと、なかなか反省しません。そんな状態になってはじめて、仕事は自分ひとりでやっているわけではない、スタッフのことも考えて進めなければならないとわかるのでしょう。

もうひとつ、安うけあいをする原因があります。それは、**相手にうしろめたい感情を持っているとき**です。人はうしろめたいことがあると、その罪悪感からつい、普段ならやらないようなサービスを提供してしまいがちです。これは、改めて指摘されるまでもなく、誰もが思い当たるはずです。

18 「字の大きさ」が不安定な上司には、ヨイショが効果的

表情や話し言葉は瞬時に消え去りますが、筆跡はじっくり観察できます。そして、その人の本心を探ることができます。

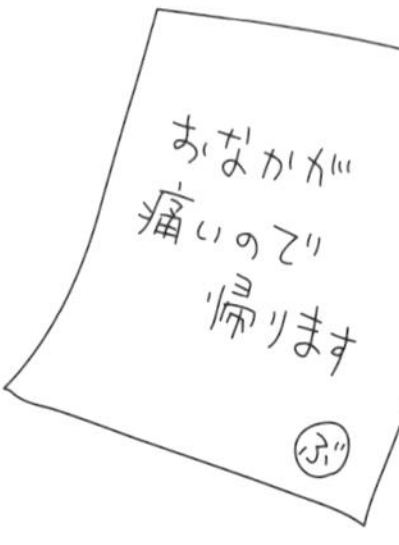

仕事の連絡はメールやワープロの場合が多いと思いますが、いまだに上司から手書きのメモや指示書を受け取ることがあります。こんなときは、筆跡と文章の書き方から上司の本心を探ってみましょう。筆跡で注目するのは、筆圧、字の大きさ、そして字の形です。この３つから次のような性格が見えてきます。

①筆跡タイプⅠ

最も特徴的なのは、字が大きく筆圧が弱い点です。字の形は曲線的で自己流の癖があり、続け字になりがち。右肩あがりの傾向がありますが、時として右肩さがりが混

じることもあります。そして、字の形には乱れがややあります。

このタイプは開放的で、周囲の状況によく適応し、人間らしい温かみや子どものような無邪気さを兼ね備えています。**感情が豊かで、話題が多く社交的**です。仕事は手早く決断力もありますが、熟慮せずに失敗することもあるようです。

②筆跡タイプⅡ

角ばった直線的な字を書き、字画の角が鋭角的で、筆圧は強いのが特徴です。文字がそれぞれ独立していますが、字と字の大きさや間隔などは不揃いです。自己流の癖がありますが、筆跡に乱れはありません。
このタイプは**非社交的で理性的**です。真面目ですが、あまり温かみがなく、他人に対しては鈍感で無関心。それとは逆に、自分に関することには敏感で、自分に害が及びそうになると容赦なく切り捨てる可能性があるので、注意が必要です。

③筆跡タイプⅢ

角ばった直線的な形の字を書きますが、タイプⅡとは違い規則的で、自己流の癖がありません。一文字一文字が独立した筆跡で丁寧です。筆圧がきわめて強いのも特徴です。

このタイプは**几帳面な性格で、物事を堅苦しく考える**傾向があります。仕事は丁寧ですが、細かい点にこだわります。話がくどいのも特徴ですが、冗談は禁物です。トラブルが起きると興奮状態に陥り、激しい行動をとりがちなので、あまり刺激しないほうがいいでしょう。

④筆跡タイプⅣ

直線的で角ばった小さな字を書き、自己流の癖があります。萎縮したり潰れたような文字が多いのも特徴です。文字はそれぞれ独立して乱れはなく、筆圧は強いほうです。

このタイプは、**気が小さくて仕事に自信が持てない**ところがあります。そのため決断力がなく、他人の言葉や態度をひどく気にします。残念ながら、頼りがいのない上司といえるでしょう。

⑤筆跡タイプV

字の大きさが書くたびに異なるタイプです。文字自体は丸味のある曲線的な形ですが、直線的な形になる場合もあります。大きさ、形、角度、筆圧がすべて不安定で、乱れがいちじるしいのが特徴です。

このタイプは**虚栄心が強く、見栄っ張り**で、いつも自分を話の中心に置いておきたいと考えています。話がオーバーで嘘《うそ》が混じることも珍しくありません。相手の立場を理解せず、同情心や協調性にも欠け、困った上司といえるでしょう。おだてに乗りやすく暗示にかかりやすいところがあり、ヨイショしておくにかぎります。

文章のタイプからは、次のような性格が見えてきます。

①文章タイプI

自分が観察した内容を細かく正確に書きますが、あまり自分の感じたことなどは書きません。散文的で学者的な文章とでもいえばいいでしょうか。内容は空間的な広がりを持っていて絵画的です。

こうした文章を書く人は客観的な考え方をしますから、**正当な評価をしてくれる上司**と思っていいでしょう。

②文章タイプII

タイプIとは逆に、観察した内容よりも、それに対して自分の感じたことを主に書きます。どちらかといえば美しい文章で、時間の観念の裏付けがあり、音楽的です。

こうした文章を書く人は主観的な思考をする人です。**嫌われると厄介なタイプ**なので、上手にご機嫌をとっておきましょう。

19 傲慢な人ほど「だから」を使う

忠告など一度も受けたことがないのに、「だから言ったじゃないか」と断定する人がいます。自分のことを全能の神と思い込んでいるようです。

あるテレビ討論会を見ていると、出席者の中に「だから」を多用するコメンテーターがいました。「私の言いたいのは、要するにそこなんです。だから……」「だから、私が先ほどそう申し上げたじゃないですか」などです。

「だから」という言葉は本来、前の文章を受け「その当然の帰結として次のようなことが言えます」という意味に使われる接続詞です。この「だから」を会話中に多用すると、話がくどくなるのはもちろんですが、次第に押しつけがましくなってきます。

実は、「だから」を多用する人は、それが目的で使っていることが多いようです。おそらくこのコメンテーターも、自分の話したことが絶対に正しいと思っていて、それを相手に結論として認めさせたい傲慢タイプと考えられます。

しかも、「だから」は物事の論理的な関係を明確にする言葉なので、立場が上の人や恋人などから「だから言ったじゃない」などと言われると、なんとなく「なるほど」と納得してしまいます。

しかし、後から冷静になって考えてみると、あまり論理的ではないことも少なくありません。たとえば浮気をした恋人を責めたところ、次のように三段論法で切り返されたとしましょう。

「英雄は色を好むというだろう。オレは仕事ができるから現代の英雄みたいなものだ。だから、オレが女好きなのはしかたがないんだ」

このように書くと論理が滅茶苦茶なのは明らかですが、言葉で聞くと煙に巻かれてしまうことがあります。この例でもわかるとおり、「だから」を多用する人の心理には、**自分の話の論理的な破綻をなんとか埋め合わせようとしている**点が見られます。自分の論理の弱点に気づいたからこそ、「だから」という言葉を使って相手を納得させようとしているのです。

「だから」が口癖になっている人と上手につき合うには、実害がないかぎり、「あなたの言っていることはいつも正しい」という気持ちを持ち続けるしかありません。

20

自分の失敗を自分でかばう人は、「エリート意識が強い」

成功したときより、失敗したときのほうが大きなものを学びとるチャンスといわれます。しかし、せっかくの失敗体験を生かせない人が多いのではないでしょうか。

仕事で失敗した場合、誰でもちょっとは言い訳したくなるでしょう。ところが、言い訳をしながらも、自分のことをむしろ高く評価する人がいるのです。

「よくここまでやれたと思う。大健闘だな。もともと、うちなんかのレベルじゃ、とても契約まではできない話だっただろうね。なのに、とにかく最終選考まではこぎつけたんだから」

失敗は、自分の能力や努力が足りなかったためではなく、会社の規模や知名度などの結果だといいたいのでしょう。そして、そんな悪条件の中で頑張った努力は認めてほしいと思っています。

また、明らかに失敗したのに、「よかったよ、今度のプロジェクト、もしうちの会社が指名されていたら、収拾がつかなかっただろう」などと、失敗というマイナスの現実を、むしろよかったものとして無理やり説明しようとします。

期待どおりの結果が出なかったにもかかわらず、「ここまでやれば大したものだ」と自分で自分を高く評価することを、心理学では「**甘いレモンの理論**」といいます。

「甘いレモンの理論」を持ち出す人は、エリート意識が強い人です。他人に認められたいと願う「**承認欲求**」が強く、認められないとなれば、すべて相手が悪いことになってしまいます。「あいつらに自分の価値がわかってたまるか」というわけでしょう。

もちろん本人も、**心の底では、自分の実力が大したものではないということに気づいています**。でも、それは絶対に認めたくありません。それだけに余計に、「あのときは時間があまりに足りなかったから」とか、「たまたま競争相手が力を発揮したから。運がなかったんだ」などと、けっして自分のほうが劣っていたとは認めない発言を繰り返すようになるわけです。

21 やたら人のことが気になる人は、「まとめ役」にピッタリ

仕事中も、いつも心ここにあらずで、落ちつきがない人がいます。パソコンに向かっていても、耳はダンボで、人の話に耳をそば立てています。周囲が気になってしかたがないようです。

自分の仕事そっちのけで、人の仕事に口をはさんだりすることも、しょっちゅう……。そんな人がいるものです。「さっき、課長とアンケートについて話していたでしょ。あれ、私は反対だな。まだ調査には早いと思うよ」などと、人の仕事にやたら関心が強いのです。

他の人間と共通の要素で結ばれたいという欲求を、心理学では「**親和欲求**」と呼びます。人のことが気になる人は、人一倍、この「親和欲求」が強いのです。

言葉を換えれば、ひとりで自分を支えることができない弱い心の持ち主で、無意識に、誰かと連帯していたいと望んでいるわけです。

ただ、その人と共存したいと思っているわけではありません。自分のほうが優位に

立ちたい気持ちも人一倍強く、人のやることが気になり、情報を早くキャッチして、**自分を優位に置く方法を模索しようとする**わけです。

他人から見れば面倒くさくてしかたがないタイプです。でも、「自分の仕事だけやっていれば」と批判したりすると、とたんにムッとして、始末におえなくなります。

こういう人は、むしろチームリーダーなどに抜擢《ばってき》し、グループをまとめる役割を与えるといいでしょう。他人のことを正々堂々と気にしていい立場なので、すっかり満足し、大いに力を発揮してくれるかもしれません。

22

嫌な辞令も「素直に受ける」人は、出世の見込みあり

海外赴任は栄転で、地方勤務は左遷。これは定説かもしれませんが、たとえ左遷でも幹部に好印象を与えることが重要です。

仕事ができれば出世して当然——こう考えるのは若い証拠です。どんなに仕事ができたとしても、それが逆に上司の鼻についたり、ひとつ間違えば「不遜《ふそん》なやつ」と受け止められることもあります。出世のためには、自分をいかに上手に売り込めるかもポイントになります。「実力を持っているが、なかなか謙虚だ」という評判や噂《うわさ》が幹部の間に出るようになれば、出世は間違いなしです。

しかし、本当に謙虚のままでは、上司にアピールすることは不可能です。自分を売り込むためには、ちょっとしたコツがあります。その最たるものが、自分に不本意な辞令ほど素直に受け取ること。存続が危ぶまれている地方の営業所に「転勤してくれ」

とか、年下の上司のもとへ「異動してもらいたい」などと言われたときにも、「はい、承知しました」と、素直に受け入れるのです。

　逆に、本社への復帰や海外支社への転勤など、普通なら有頂天になる辞令を受けたら、「私にはまだその資格はないのでは……」と難色を示します。そして、**もう一度説得されたら喜んでイエスと答えます**。人には天《あま》の邪鬼《じゃく》な心理があり、相手が押せば反発し、引けばさらに引っ張ろうとします。つまり、「私にはまだその資格はありません」と言われたら、ますます引っ張り上げたくなるもの。抜擢《ばってき》してくれた上司や人事担当者は一時的に憤慨するかもしれませんが、それはわずかな間で、しばらくすると「彼は謙虚だ」「なかなかの逸材じゃないか」と評価されるようになります。

　ただし、断り方にはむろん細心の注意が必要です。「そんな人事は納得いきません！」と頭ごなしに拒否すれば、「不遜だ」というマイナス評価を受けてしまいます。重要なのは、「私はまだ力不足では……」「そんな資格はないのでは……」などのように、へりくだってやんわりと断ることです。

　名補手・名監督として知られたプロ野球の野村克也氏は、現役時に「生涯一捕手」と語ったことで有名です。この言葉によって彼の人気が不動のものになったのも、へりくだりの言葉がもたらしたものといえるでしょう。

また、ビジネスマンとして成功したいなら、どの先輩についていくかのチョイスはとても重要です。将来性のない先輩のもとでいくら頑張っても、なかなか陽の当たる場所には行けないでしょう。

しかし、社会経験が浅い人にとって、どの先輩がいいか悪いかはなかなか判断できないものです。なぜなら、前に話したように、「仕事ができる＝出世する」とはかぎらないからです。

そこで、どの先輩についていくかの判断基準としては、その先輩が上司にどんな態度で接しているかを見るといいでしょう。

いくら優れた人でも、「自分こそ正義だ」タイプの人は出世できません。もちろん、「ご無理ごもっとも」タイプのイエスマンでも同じです。**嫌な仕事は進んで受け、おいしい仕事は遠慮してみせる**、そんな究極の上司受けする先輩がいたら、迷うことなくついていけばいいでしょう。

23 口数の少ない人が〝急に〟多弁になったら、心配事を抱えているサイン

電話では姿は見えませんが、相手がヒマなのか忙しいのかは、30秒も話せば想像がつきます。話し方からも、感情が読めるはずです。

電話のかけ方にも深層心理はあらわれます。上司から出先に電話がかかってきたときなどは、よくチェックしておきましょう。

「もしもし、オレだが」のように名前を名のらなかったり、「例の書類はどこにある？」と、**自分の用件だけを言おうとする人には、神経質な性格の人はまずいません。**

このタイプは自己顕示欲が強く、派手好きで勝ち気。さらに、自己中心的で子どもっぽい性格と考えていいでしょう。また、こちらの都合も考えずに長電話をするのもこのタイプです。

また、さほど急用でもないことをいちいち電話で聞いたり、頻繁に電話するのは、

社交的ですが、ちょっと騒がしいところがある人です。躁《そう》うつ気質の傾向があり、躁状態で気分がハイになっているため、人と話がしたくなっているとも考えられます。難しいお願いをするなら、このタイミングがいいでしょう。

電話をかけるのもかけられるのも苦手な人は、非社交的で内気、生真面目、利己的という厄介な性格といえます。俗世間的なことに無関心で、しかも鋭い観察をして整然と筋の通った意見を出すため、周囲から煙たがられて出世も遅れがちです。しかし、本人はそんなことは気にしません。

普段は口数の少ない人がやけに大きな声で、しかも要件とは関係ないことまでペラペラと話すときは、一般に、心の中に秘密や心配事、不安、恐怖などを抱えている可能性があると思えます。

実は、私にも似たような経験があります。ある編集者と電話で話していたとき、いつもはボソボソと小さな声で要件だけを話す彼が、いつになく雄弁だったのです。そこで、話の区切りがついたところで、「○○君、今日は少し変だね。何かあったの？」と聞いてみたら、彼はとたんに黙り込み、しばし沈黙した後、「実は……」と、つい先日、配置換えで自分の望まない部署に異動することが決定したと打ち明け始めたのです。

このように、人は内に秘めた思いがあるときほど、かえって多弁になる場合もあります。

あなたが地方や海外に出張しているときにかぎって電話をしてくる上司は、**外出できない欲求不満を「電話をかける」という代償行為で満足させている**と考えるべきでしょう。「次の出張は係長にお願いできますか？」と水を向けてみると、プライドが満たされるはずです。

24 自分で「ネクタイを選ばない」上司は、出世しない

高級そうなスーツを着ていたり、隙のないおしゃれをしていると一流の人と思い込みがち。この「後光（オーロラ）効果」を上手に活用するのも大切なことです。

私の知人の会社社長が、「男といえども、おしゃれに積極的な人間ほど出世する」というユニークな自説を語ったことがありました。ある大手衣料メーカーが企業の管理職を対象に行なったアンケートによると、彼らの大多数が、「背広やネクタイ、靴下など、身につけるものは自分で選んで買う」と答えたそうですから、知人の説は立証されたといってもいいでしょう。

事実、同じビジネスマンでも窓際族といわれる人や万年平社員は、ファッションへの関心が薄い傾向があります。すべて奥さん任せで、ネクタイ一本も自分で買ったことのない人が少なくありません。「服を買うのは面倒だ」「ネクタイを選ぶのは照れく

さい」という心理でしょうが、このような消極性が仕事にも悪影響を与えていると考えられます。

また、アメリカのある大学で行なわれた実験によると、クラスメイトたちから「魅力的だ」と思われている女子学生ほど、鏡をのぞき込む回数が多いことがわかりました。この実験から、「魅力的」と思われるには、自分はどうすれば魅力的に見えるのかを熱心に研究することが大切だとわかります。

しかも、**「魅力的」と評価された女子学生ほど成績がいい**こともわかりました。あるいは、教授たちも女子大生の魅力に惑わされて、よい成績をつけていたのかもしれません。私たちは幼いころから、「人は外見だけで判断してはいけない」と言われてきましたが、外見が周囲の人にさまざまな印象を与えるのは事実です。

私の知っている若い編集者はファッションに頓着しない男で、いつも吊るしのスーツを着て、バーゲンセールで買った革靴を履いていました。それを誰かに指摘されると、必ず「恰好《かっこう》じゃなくて、大切なのは中身でしょう」と言い返していました。

その気概やよし、といいたいところですが、仕事について胸を張るにはまだ十年早い。恰好が中身を育てるということもあるからです。

そこで私は、「ボーナスをもらったら自分に投資するという意味で、バーンと高い靴を張り込んでごらん。きっと誰かに褒めてもらえるよ」と、軽くアドバイスしてみました。いい靴を履けば靴に合うスーツが欲しくなるでしょう。そうやって少しずつビジネスマンとしての身だしなみを整えていくことは、実力を磨くのと同じくらい重要なことだと思います。

ほぼ同じレベルの能力を持っているビジネスパーソンがふたりいたとしましょう。ひとりは体に合ったスーツとセンスのいいネクタイをしていますが、もうひとりはヨレヨレのスーツにシミの付いたネクタイをしていたとしたら、やはり前者に仕事を頼みたいと思うはずです。

身のまわりのものを選ぶときには、どんな小物でも自分で決めるようにすれば、積極性と美意識が身についていくでしょう。それが自分自身の「自信」にもなっていくのです。

25

同僚からの同情を真に受けると、「痛い目にあう」かも

相手を自分の思いどおりにコントロールするには、心理的優位に立つことが欠かせません。その方法に、わざと哀願を装うテクニックがあります。

ちょっとしたミスで上司に怒られることがあります。その様子を見ていた同僚が食事に誘ってくれ、「上司が厳しくてたいへんだね」と同情してくれたとしましょう。おそらく、あなたは「持つべきものは友。よくぞわかってくれた」と感動するでしょうが、その言葉には裏があるかもしれません。

同僚が語った言葉には、実は2つの意味があります。ひとつは、あなたと同じ境遇を共に嘆いてくれる心理。もうひとつは、あなたの立場に立って考えているという態度をとりながら、実はあなたを非難している心理です。

前者はいわゆる同情ですが、後者は「上司が厳しいのはお前のせいだ」という意味

です。**同情と思わせて、実はあなたを非難している**かもしれないのです。

同情と非難は正反対の行為です。でもそれらが同居していることも珍しくありません。歯に衣着《きぬ》せぬような言い方をする人なら、おそらく「お前がミスをするから、上司は厳しくなるんだ」と、ストレートに非難するでしょう。しかし、これでは人間関係が悪くなるばかりです。そこで、遠回しにあなたを非難するというわけです。この言い方で興味深いのが、あなたは自分に向けられた非難の気持ちにまったく気づかないという点でしょう。

これと似ているのが、泣き落としです。相手がこちらの言い分をどうしても聞いてくれないときに、「私の身にもなってくださいよ」などと泣きつくことがあります。

この言葉の裏には、「私の立場に立てば、そんな冷たいことが言えるはずはないのに」という非難の感情も含まれていますが、哀願調で言うと、相手は非難されているとは感じません。逆に優越感が刺激されて、こちらのペースに乗ってきます。

たとえば、知人から借金をするのが上手な人がいますが、たいてい彼らは哀願調で迫ってくるものです。平伏して頼む、目も伏せがちで言葉少なに頼む、やむにやまれず事情を切々と語りながら頼む……頼み方はさまざまですが、情に訴えてくるという点ではどれも変わりません。このように、情に訴えられると、いくら応じないと決心していてもつい応じてしまうのが、人の心というものなのです。

ちなみに、発言の意図が同情にせよ非難にせよ、そんなことを言う相手は、**あなたより優位な立場にいる、あるいは能力的に優れていると思い込んでいます**。そのため「自分のことをわかってくれるのは彼だけだ」「本当に頼りになる」などとありがたがれば、相手はますますつけあがるようになりますから、ちょっと注意も必要です。

26

恩を売るのがうまい人は、「将を射るより、馬を射る」

お世話になっている人でも、利害関係がなくなると、多くの人が疎遠になるものです。しかし、そんなときこそつき合いを密にすべきです。

会社の経営や権力を持っている人のところには、山のようにお中元・お歳暮が届きます。相手が直接利害関係のある自分に対して贈り物をしてくれた場合、人間は「当然」と受け取りがちです。送り主が誰だかわからないことも多く、ありがたみもあまりありません。

私の知人の社長もそう思っていたひとりですが、その彼が、ある年の暮れに思わずうなった贈り物がありました。末娘が欲しがっていた外国製の人形が、社長本人ではなく娘さんに送られてきたのです。贈り物をもらい慣れている彼も、このときばかりは相手の誠意をいたく感じたそうです。

また、あるビジネスマンは取引先との打ち合わせを普段より早く切り上げました。

その際、お詫《わ》びとともに「実は、母が入院しまして……」と漏らしてしまったところ、先方の担当者がどこでどう調べたのか、彼の母親が入院している病院までお見舞いに来てくれたではありませんか。思わぬ厚意に驚くとともに、感激したことは言うまでもありません。

このように、自分にではなく、大切にしている家族に対して深い気づかいを示されると、「そこまで気をつかってくれるのか」と感動するものです。まさに「将を射んとせば先《ま》ず馬を射よ」というわけです。

たとえば、取引先の担当者をパーティに招待したり、レストランなどで接待することがあります。そんなときは必ず「私も妻を連れて行きますので、○○さんも奥さんとご一緒にどうぞ」と言うのです。担当者を接待しただけでは「ビジネスを円滑に進めるための打算がある」のが見え見えですが、お互いの奥さんがその場にいることで**「ビジネスだけのつき合いではない」という印象を相手に与え、一挙に親密度が高まります**。言い換えれば、論理の世界から情の世界に転換したようなものでしょう。

情に訴えるというのはビジネスだけでなく、警察の取り調べでも使われる、人の心理をついた方法です。「落としの八兵衛」と称された警視庁の敏腕刑事平塚八兵衛氏が、ある容疑者を取り調べたときも、自白のきっかけを作ったのは次の一言だったそうです。

「親の情っていうのはありがたいな。お前のおふくろさん、『息子がご面倒をおかけして申し訳ありません』と、土下座までしようとしたんだぞ」

これを聞いて容疑者もそれまでのふてぶてしい態度を改め、自白につながる身の上話を始めるようになったそうです。

日本人は情に弱いので、このようなテクニックが効果的なのです。

27 「自由にしていい」と言う上司ほど、〝実は厳しい〟

会社などに所属していると行動が制約されます。「自由にしていい」と言われても、結果的に管理されている場合があります。

大手スーパーにセルフレジが導入されるようになっています。買い物客が自分で商品のバーコードを読ませ、精算する仕組みです。それでなくてもスーパーは利益率の低い商売ですから、「それで損をしないのだろうか」と心配になりますが、ごまかす客はほとんどいないようです。

セルフレジに関しては、コンピュータによってしっかり管理されているせいもあるのでしょうが、たしかに人間の心理には、**全面的に信頼されると心の中で自己規制が起こり、ごまかそうという気持ちが失われる**傾向があります。

最近は、企業内の社員管理にも、この心理がさかんに利用されています。つまり、社員を自由にしていると見せかけて、実はいままで以上に管理しているわけです。この手法をセルフコントロール・マネジメントといいます。

ある企業が工場を新設した際、人員削減のために食堂のレジ係を廃止しました。支払いは自己申告で行なわれるようになりましたが、次第に回収金額が減ってきたのです。そこである幹部は、「道義も地に落ちたものだ。君たちは恥ずかしくないのか！」という嘆きの言葉を社内報に掲載しようと考えましたが、熟考の結果、「昼食料金の回収率は何割」と客観的事実だけを掲載するに留めました。その結果、ごまかす社員がいなくなったそうです。

また、ある会社の管理職は、月に10万円以上のタクシー代を使った営業マンを呼び出しました。彼は叱られるものと覚悟していましたが、その上司は「いくら使おうが、それ以上に稼いでくれればいい」としか言いませんでした。その結果、翌月から彼が使うタクシー代は半減し、売り上げは逆に伸びたのです。しかし、好結果を出すため、営業マンは自分の肉体と時間を犠牲にせざるを得ませんでした。

このように、セルフコントロール・マネジメントは、やりようによっては厳しい管理システムともいえます。優しい上司の心の中には、もしかしたら思いもしない計算が隠されているかもしれませんから、注意が必要です。

28 思いどおりに会議を進める人は、反対意見の人を〝大切にする〟

もめそうな会議を開くときは、根回しが必要。といってもストレートにお願いするばかりが能ではありません。

いかに会議でうまく立ちまわるかによって、ビジネスパーソンの社内的立場は大きく異なってきます。

一般には、発言回数が多く、しかもその発言内容が上司や幹部をうならせるものであれば、その社員は有能な社員と評価されます。しかし、いつも名案が浮かぶわけではありませんから、自分にとって会議を有利に進めるためには、ちょっとした心理作戦も必要になってくるでしょう。

もし「協力者にしたい」と思う人がいたら、その人に資料作りを手伝ってもらったり、会議中に資料を配ってもらうなど、何か自分の行為に加わってもらいましょう。同じ目標に向かって行動することによって、知らず知らずのうちに彼（彼女）はあな

たの協力者になっていきます。

自分の思いどおりに決定したい場合、反対する人を会議から閉め出して勝手に決める場合もありますが、これは後で悪い影響が出ます。自分が関係する余地のないまま決定されると、人はあまり熱意を示さないからです。

反対者は「自分が参加していない会議で決定したことを守る義務はない」と考える傾向があり、作業効率も低下するかもしれません。これでは、せっかく自分の思いどおりに決定したとしても失敗する確率が高くなるでしょうし、反対者が実力者の場合、強制的な上意下達は反発を招き、社内抗争勃発の可能性もあります。

こんなことが起こらないようにするには、会議をガス抜きに使うという心理テクニックが効果的です。

あらかじめ同僚や部下、上司などに自分の意見を説明し、多数派工作をしておきます。そのうえで反対者も会議に参加させ、思う存分に反対意見を言わせるのです。しかし、結局はあなたの意見が採決され、会議での結論となればいいのです。

反対意見の持ち主は、たとえ会議で決定したことが自分の意に反した内容でも、**反対意見を思う存分述べたことで、自分の意見の一部が決定事項に反映されていると錯**

覚しやすいのです。

そして、その錯覚からくる満足感で、それほど抵抗なく決定事項を受け入れます。しかも、会議の参加者には「採決に加わった以上、決定事項に従わなければならない義務がある」という無意識の心理が働き、自発的に会議での決定に従おうとする可能性が高くなります。反対意見の人を排除するのではなく、大切にすることで相手の心を取りこんでしまえば、無理なく最高の結果が期待できるでしょう。

もうひとつ、会議を自分の思いどおりに進行する方法があります。それは、キーマンを味方につけること。

人は、自分が信頼する人の意見に影響されやすい心理傾向があります。人が誰かを信用するようになるまでには、それなりのつき合いを経ているわけですから、その信頼できる人物が太鼓判を押すというなら、いとも簡単にあなたの意見や企画を受け入れてしまうのです。

つまり、キーマンがあなたの企画を認めさえすれば、出席者全員が「いいんじゃないか」という空気になるということです。

29

やたらに数字を見せてくる人が〝最も危険〟

何かというと数字を示す評論家や政治家がいます。それで信頼を得ているようですが、すべての数字に真実があるとはかぎりません。

19世紀後半、イギリスで二度にわたって首相を務めたベンジャミン・ディズレーリが面白い言葉を残しています。それは「嘘《うそ》には3種類ある。まず普通の嘘であり、次にいまいましい嘘であり、3つ目は統計である」。

統計自体に問題はなくても、私たちはそこから導き出された数字にはコロリと騙《だま》されてしまうことがありますね。ディズレーリの言葉は、それをうまく言い当てているのです。

なぜ騙されてしまうのかといえば、人には「数字信仰」とでもいうべきものがあるからです。たしかに「1＋1＝2」は、誰も異論を挟めない真実です。だからといって、**すべての数字が絶対的なものと思い込むのは大きな錯覚です。**

たとえば、内閣支持率は30パーセントを割ると「危険水域」といわれていますが、この数字が意味するのは、足し算の答えのような絶対的真理ではありません。

ある調査は、「無作為に選んだ電話番号（固定電話）にかけてアンケートをとっている」そうですが、最近の若者には固定電話を持たない人も少なくありません。となると、この調査は若者の占める割合が低くなっているわけで、正しい支持率とはいえなくなります。

またある調査では、「昼間に電話をしてアンケートをとった」とされていますが、その時間に自宅にいるのは高齢者と主婦、そして自営業者などにかぎられます。つまり、ビジネスパーソンの答えはごっそり抜け落ちているわけです。こんな抜け落ちがありながら、その数字を信頼できるものとするのは問題があるでしょう。

では、統計がいかにあいまいなものかわかる例を2つ紹介しておきましょう。

1つ目は、加藤寛氏が監修した『悪魔の統計数字』という本で紹介されていた「女性の管理職進出についての意識調査」からです。「女性の管理職が増える傾向は好ましいですか？」と質問をしたところ、賛成61パーセント、反対30パーセントという結果が出ました。ところが、「女性管理職の下で働きたいですか？」と質問をしたところ、賛成26パーセント、反対60パーセントという正反対の結果が出ました。これは、後者の質問に「あなたの場合はどうですか？」というニュアンスを加えたために起きた変化です。つまり、**後者の数字のほうが本音に近い**のでしょう。聞き方ひとつで、これほど統計が変わってしまうというわけです。

２つ目は、航空機事故に遭遇する確率の話です。オーストラリアでは、一年に一度の割合で人がワニに襲われて亡くなる事故が起きているそうです。それに対し、ある航空会社が示した航空機事故に遭遇する確率は４３８年に一度。つまり、航空機事故に遭うよりもワニに食い殺される確率のほうがはるかに高いことになりますが……本当でしょうか？

これも数字のトリックです。なぜなら、航空機事故が起きれば死者は多数になりますし、ワニに襲われるのはワニが棲《す》んでいる地域に足を運んだ人にかぎられます。東京やニューヨークに住んでいるビジネスパーソンの場合、飛行機に乗る機会は多くても、ワニが棲んでいる地域に行く確率はほぼゼロですから、この数字を同じ土俵の上にあげて比較すること自体が間違っています。

そもそも**数字というのは、人間が意味を読み取るもの**です。数字には、それを提示した人間の主観が込められています。それを加味せず、「数字は客観的だ」と考えているようなら、あなたは相手の術中にはまっているのです。

逆にいえば、**数字を示すと相手を納得させやすくなる**わけです。聴衆の反応が思わしくない講演中に、ワニに襲われる確率と航空機事故に遭う確率の比較など、興味深い数字をあげると、それまで半分居眠りをしていたような人も背を伸ばして真剣に聞いてくれます。

このテクニックを応用すれば、会議や議論が苦手な人でも、心理的に相手をリードすることができます。発言やプレゼンテーションの際、少なくとも10個以上の統計数字を入れてみてください。その場合、政府発表や有名な調査機関が公表したものなど、数字の出所がはっきりしているものであれば、さらに効果的でしょう。

30

「話を早く打ち切りたい」と思っている人ほど、よく相づちを打つ

やる気を起こさせようとして説教すると、「はいっ、はいっ」と、返事はするくせにまったく言うことを聞かない人がいます。あなたに対し強い反感を持っているのかもしれません。

うなずきや相づちは、こちらの話に興味を持っていたり、真剣に聞いている証拠だとされます。しかし、その逆の気持ちをあらわしているケースもあるので、注意が必要です。

あなたが前日に行なわれた取引先との交渉を報告したとしましょう。それを聞きながら、上司は次のように言いました。

「課長さんが新規取引も可能と言ってくれたんだ、ええ。大したものだ。うん、やはり難しい交渉事はキミに頼むにかぎるね、ええ、ええ」

こんな調子で、話の間に「ええ」とか「うん」を入れて、相づちを打ったとします。

このように「繰り返す」、あるいは「うなずく」「相づちを打つ」という動作には相手をリラックスさせる効果があり、心理学の世界では「**受容**」といいます。

この場合も、あなたの話に耳を傾け、同意しているように聞こえますが、実は、このなにげなく挿入されている「ええ」「うん」には、まったく逆の意味が含まれていることがあるのです。この相づちを真に受けて、「オレは上司に信頼されている」「この商談はうまくいったも同然」などと考えていると、とんでもないしっぺ返しを食らうことになりかねません。

なぜなら、こんな相づちの打ち方をする人は、**自分の考え方や意見だけが正しいと信じ込んでいる自己執着型が多い**からです。しかも、このタイプは相手の話に心から感心したり、同意することはまずありません。

つまり、先方の課長が「新規取引も可能」と言ったことは実現されないと思っていますし、「交渉事はキミに頼むにかぎる」とも思っていないでしょう。それどころか、あなたの報告を「若造の幼稚な交渉」くらいに考え、報告を早く打ち切ってもらいたいと思っているかもしれません。**「ええ」という相づちは、「そうなんですか」「なるほど」などとは違い、否定のシグナル**と考えるべきときもあるのです。

ちなみに、優秀な専門家や研究者は、自説を曲げてまで世に受け入れられようとは考えていないため、こんな否定の相づちを打つ傾向がありますから、対応にはとくに注意が必要です。

31 「優位に立ちたい」なら、最後に意見を述べる

重要な会議の席で、ライバルたちが次々と発言。幹部たちは彼らの意見を満足そうに聞いています。でも焦りは禁物。最後に発言する者こそが会議を制するのですから。

重役や幹部が出席する会議で有能さを見せるのは、出世の近道といえるでしょう。しかし、ライバルも同じことを考えているはずですから、そう簡単にはいきません。

そこで重要になるのが、どうやって自分をアピールするかでしょう。印象に残る自己アピールができる人は、「今日はこの作戦で行くぞ」と決めていても、相手の出方次第で戦い方を変えられる柔軟性を持ち合わせています。

①上司の反対を封じる　どんなにすばらしい意見や企画でも、直属の上司に反対されたら上層部の印象は悪くなります。そんなことがないよう、あらかじめ上司には根回

しをしておきます。根回しといっても、**上司に教えを請うか、相談する**だけでいいのです。たとえば「現在進行中のプロジェクトについて、ちょっと思いついたことがあるのですが、どんなかたちで会議で発表すればいいか、ご指導いただけませんでしょうか」と依頼すれば、上司はプライドをくすぐられ、喜んで耳を傾けてくれます。上司が意見や指示を出してくれれば、連帯保証人のハンコをもらったも同然です。

②できるだけ最後に意見を述べる　会議では、最初に発言する人よりも、後で発言する人のほうが立場が有利になります。最初に発言する人は、何か新しいことを言わなければなりませんが、後の発言者はそれを批判したり、それに対する自分の意見を述べることができるからです。そこで、できるだけ最後に発言すれば、最も有利な立場に自分を置くことができます。

たとえば、新製品について議論が始まったとしましょう。何も発言せずに、じっと聞いて意見をメモにとります。そして、議論が出つくしたところで、「つまり……」と発言し、いままでの議論を整理しながらまとめてしまうのです。こうするだけで、**その会議のリーダーシップはあなたが握っていたと出席者に思わせることができます。**

③「ごまかし話法」で厳しい追及をかわす　自分では名案だと思っていても、必ず反対意見は出るものです。とくにライバルは、あなたに手柄を立てさせてはたいへんと考え、あれこれ難癖をつけてきます。そんなときには、あわてず騒がず、サラリと話をそらしてしまいましょう。「おっしゃるとおり、それはたいへん重要な問題ですので、後ほどじっくり調査したうえでお答えすることとして、その前に……」「ご意見はごもっともですが、視点を変えてみますと……」といった具合です。

人間は、**非常に緊迫した心理状態にいるときに、まったく違う方向を示す一言を与えられると、関心がそちらに向いてしまう**ものです。これは緊迫した場面であるほど効果があるので、厳しい批判を受けたときにはとくに役立ちます。

④ライバルの意見を潰す　ライバルが次々と有意義な発言を展開し、会議そのものが彼のペースになりそうになったら、「異論があります！」と言いたくなるでしょうが、それでは戦闘的すぎるという印象を与えてしまいます。そんなときは**「○○さんの話で思いついたのですが……」という前置きをした後で、自分の意見を話す**といいでしょう。「思いついた」というのは嘘《うそ》ですが、違う方向へ話が進んでいっても「前の発

言者の言葉で思いついたのならしかたない」という気持ちが参加者を支配するので、批判されることもありません。

⑤周囲の気持ちを察知する　あなたの発言中に幹部が「わかった」と言ったとしましょう。これは、「キミの発言をそれ以上聞かなくても理解している」あるいは「これ以上聞きたくない」という意味です。そのため、**『わかった』という言葉をさえぎって発言し続ければ、悪印象を持たれてしまいます**。

また、発言前によく咳《せき》払いをする人がいますが、これはストレスを感じている証拠です。もし、ライバルが咳払いをしたら、相手も緊張しているわけです。そうとわかるだけで、少し余裕が生まれるのではないでしょうか。

ライバルのほうが優勢に見えても、どちらに軍配が上がるかは、会議が終了するタイミングまでわかりません。じっくりと相手の出方を見たうえで、落ち着いて最後の一手を決めるのが頭のいいやり方です。

32

自慢話が好きな人には、「ぜひご教示を」とおだてるのが効果的

ずっと昔の手柄を繰り返し自慢する人がいます。「私は有能だ」という気持ちが強いので敬遠したくなりますが、ヨイショすれば、こちらの思いどおりに操れる相手です。

居酒屋などへ行くと、若い部下たちを相手に、昔の自慢話や手柄話を得意そうに披露している中年サラリーマンをよく見かけます。本人は満足げですが、周囲はウンザリした表情を浮かべている場合が多いようです。

このように自慢話をしたがるのは、新しい時代の変化や環境の変化についていけない人が多く、現実を忘れ、過去に救いを求めようとして、過去の栄光を語りたがるのです。若い部下たちにしてみれば、パソコンもろくに使えず、幹部からはお荷物扱いされている現状を知っているわけですから、自慢話を聞いても何の感動もなくて当然です。

どうやら、自慢話にはそれとは正反対の現実が隠されているようです。

これは、フロイトがいう「**退行**」という心理現象ともいえます。弟や妹が生まれると、長子が幼児返りをすることがあります。これは、親の愛情を独占できなくなった欲求不満で生まれるものです。夢見るように昔の自慢話をする人の心理もこれと同じで、「昇進の途が閉ざされてしまった」「新しい技術に適応できない」といった、**本人が認めたくない不満が、昔の自慢話となって出てきている**のでしょう。

よほどのうぬぼれ屋は別として、本当に満ち足りているのなら、外に向けて熱心にアピールする必要はありません。現状に対する欲求不満が強い人ほど自慢話で武装するというのは、そうした認めたくない現実を忘れてしまいたいという心理があるからです。つまり、このタイプは、自慢話をすれば自分自身を実際以上に魅力的に見せられるとも思っています。

しかし、魅力的に見せるためには「将来、独立して自分の会社を持とうと考えている。必ず実行するつもりだ」といったように、未来を語る必要があります。

未来のことを語る分には、少々出まかせでも責められませんし、「それは嘘《うそ》だ」と指摘される心配もありません。それに対し、「かつてオレはこうだった」と過去を語れば、人間が小さく見えてしまうだけです。

ちなみにこのタイプは、**他人に教えたい、自分の経験を伝えたいという「教訓本能」が強い**ため、楽しそうに自慢話を聞いてあげたり、「ぜひご教示を」とおだてれば、あなたの味方につけることができます。

33 詮索したがりの上司は、あなたを「支配したがっている」

満員電車に乗ると不快になるのは、あなたの「パーソナル・スペース（個人の領域）」に、他人が無断で入り込んでくるからです。

心理学用語に「パーソナル・スペース」という言葉があります。文字どおり「個人の領域」のことで、精神的、物理的に、他人が入ってくると不快に感じる領域を指します。ただし、友人や恋人、家族など、ごく親しい人がこの領域に入ってきた場合は、それほど不快には感じません。満員電車に乗ると不快に感じるのは、自分のパーソナル・スペースに見ず知らずの人が侵入してきているからです。

店の販売員もベテランになると、このことを体感的に理解しています。新米の販売員は客が来るとさっと寄ってきて「何をお探しでしょうか」と聞きます。これでは不快になって買いたい気持ちも消え失せてしまいます。

それに対し、ベテランの販売員はむやみに客に近づきません。それどころか、最初は目も合わせようとはせず、目の端のほうで客の動きをとらえているだけ。目配りするというのはこんなことをいうのでしょう。そして「買いたい商品を決めたな」「聞きたいことがありそうだな」とわかると「いかがですか」と声をかけるわけです。このタイミングなら、客のほうもパーソナル・スペースに入られても不快感は覚えないはずです。

ところで、上司の中には、他人の仕事やプライベートのことはよく話すのに、自分のことには触れたがらない人がいます。あるいは、相手のことはいろいろ聞いてくるが、自分の話はほとんどしないという上司もいます。こんな上司の行動は、相手の精神的なパーソナル・スペースに侵入していると考えられます。

上司がこうした行動に出た場合、部下は「課長は人好きなんだ」とか「私のことに興味を持ってくれているみたいだから、好かれている」と思いがちです。たしかに、そんな感情もあるかもしれませんが、仕事上の人間関係では明らかに「相手を支配したい」という欲求のあらわれと考えられます。

ちなみに、このタイプの人たちには、ひとつ共通点があります。**仕事でもプライベ**

ートでも、友人や知人がほとんどいないのです。自分とはまったく関係のない第三者の話であれば、あまり親しくない相手とでも話題にできると考えていて、彼はそのときだけ自分の孤独を感じずにすむようです。

また、宴会や打ち上げなどで飲み屋へ行くと、酔っ払っていい気分になった上司が「オレはお前を信頼しているからな！」「絶対に悪いようにはしないから、オレについてこい！」などと、普段は絶対に使わない「オレ」をさかんに使ったりすることがあるでしょう。

このとき使われる「オレ」は、相手（おそらく部下）のことを同輩と認めていることを意味しています。部下との距離を縮めるため、上司が部下の地位にまで下がってきたということで、その上司は柔軟な考え方の持ち主です。

34 部下と「同じファッションをする」のは、のけ者にされたくないから

服装を心理的に見たとき、自我が外部にあらわれた「延長自我」としての機能を持っています。同じ服装をすると「考え方が似ています」と伝える効果が……。

漫画家の楳図《うめず》かずおさんは赤と白のストライプという服装に徹底的にこだわっていますが、色彩心理学的に見ると、明るく行動的で自信に満ちあふれた気持ちをあらわしています。

事実、楳図さんはインタビューで「赤は元気に生きている印、白は無垢で何にもないという余白。ストライプはその2つをまとめて見せ、エネルギーを感じさせてくれる」と、的確に答えていました。

また、ヒトラーは自分の威厳を演出するために、いかめしい軍服姿で大衆の前に立ったことで知られています。

服装が一種の自己表現であることは言うまでもありません。人は服装によって周囲にさまざまなイメージを与えます。そこで、おしゃれには、他人の目を意識する気持ちが含まれます。それだけに、本人のパーソナリティが正直に伝わります。

同じスポーツチームやタレントのファンクラブなどに所属している人たちが、似た服装や共通のユニフォームを着ているのも、フィーリングや考え方が似ていることを伝えたいからに他なりません。また、東京の渋谷に女子高生があふれているのは、彼女たちが自分たちと同じような服装で同じような目的を持った大勢の仲間が集まってくることを知っているからです。似た者同士が集まると、価値観が同じで安心していられるため、居心地がいいのでしょう。

こうした心理的影響を利用すれば、**相手と同じ服装をすることで「私はあなたに同調しています」と伝えることも可能**になります。

たとえば、部下にあまり慕われていないと感じたときは、多少抵抗があるでしょうが、若者が好むファッションを取り入れてみるのもいいでしょう。ダブルのジャケットはやめて体にフィットしたシングルに、シャツはボタンダウンにして、ネクタイは細めを選ぶといった具合です。

最近は、クールビズやスーパークールビズを採用している企業も少なくありませんから、ただネクタイを外すだけではなく、ポロシャツにチノパンという思いきったスタイルで出勤してみるのもいいでしょう。ただし、ラフといっても、オジサン臭いゴルフウエアは逆効果ですので気をつけてください。

たったこれだけのことでも、部下はあなたに仲間意識を持つようになり、心を開いてくれるはずです。

そして部下のほうも、上司のこうした努力に気づいてあげられるといいですね。部下の好みに合わせて若づくりしてくる上司は、部下との間に距離があり、なんとなく置いてけぼりをくったような疎外感を感じている寂しがり屋が多いのです。

だからこそ、**上司の若づくりに気づいたら、積極的に仕事で教えを請うとか、「課長、仕事が終わったら、一杯いきませんか？」などと誘ってみましょう。**寂しがり屋の上司はその言葉を待っているはずです。

第2章　異性との関係

異性との関係で最も気になるのは、「相手が自分をどう思っているのか」という点ではないでしょうか。好きなのか、嫌いなのか、それとも無関心なのかなど、相手の気持ちを知りたいのです。相手のちょっとした様子から、考えや感情がつかめれば、アプローチの方法がわかるでしょう。また、夫婦が上手に協調していくためのヒントも見つかるはずです。この章では、恋愛や夫婦の関係の参考になる心理ポイントを紹介してみたいと思います。

1 「高嶺の花」を選ばない人の胸の内

街角でデート中らしい男女を観察してみると、美女と野獣とか、その逆のカップルは滅多に見かけません。人間は本能的に身の程を知っているようです。

テレビコマーシャルには人気タレントや俳優が登場しますね。スポンサーの中には数千万円にも上る膨大な契約金を支払っているところもありますが、それだけの効果があるということでしょう。

だいたい、一般の人は自分自身の嗜好《しこう》や考え方に確固たる自信がないものです。そのため、美や幸福を所有しているヒーローやヒロインに憧れます。そして、彼らが身につけていたり所持している品をコマーシャルで見せつけられると、「あれが手に入れば、自分も格好よくなれる」という幻想を抱いて消費行動に移るのです。

これは「**大衆の即時共鳴**」という心理です。ある強力なモデルが他の全員を同一の行動に駆り立てるというわけです。

しかし、恋愛においては、高嶺《たかね》の花はあまりよい影響を与えません。美男・美女といわれる人気タレントや俳優の中に、結婚しない（できない？）人が多いような気がしますが、それも同じ理由です。容姿の美しさは、地位や権力と同じように、むしろ人を遠ざける効果があるのです。人は、自分よりも身体的魅力度が高い人に交際の申し込みをしても断られる可能性が高いと思い込んでいます。断られると傷つきますから、美男や美女は避け、自分を受け入れてくれる可能性のある人、つまり自分と同程度の容姿の異性を選ぶ傾向が強くなるのです。

心理学者のマースティンは、交際中の男女の身体的魅力度を第三者に5段階で評価してもらいました。その結果、誤差が0・5以下におさまっている男女が60パーセント以上を占めたそうです。マースティンは、これを「**釣り合い仮説**」と名づけました。

先ごろ、3人の男性に対する結婚詐欺と殺人に関わったとして、ある女性が逮捕され、注目を集めました。失礼ながら美人とは言い難い容姿の持ち主で、「なぜ、あんな女性に騙《だま》されたのか……」と首を傾げる人は少なくありませんでした。しかし、誘っても断られそうもないルックスの女性だったからこそ、男性は騙されたのではないでしょうか。

2 デートのときに「腕組み」で待つ男は、亭主関白

心理状態は、しぐさにあらわれます。それがボディ・ランゲージとかノンバーバル・コミュニケーション（メッセージ）と呼ばれるもの。デートのときは、男性の心を読み解くチャンスです。

うれしいデートの約束をしたのに、少し遅れてしまいました。そんなとき、待っている彼のしぐさで、男性の心理がわかるといわれています。そっとウォッチングしてみてはどうですか。

①手をポケットに入れている

きちんとした性格の人でしょう。仕事もしっかりこなし、人づき合いでも気を配るので、周囲から信頼されています。もちろん、彼は時間どおりに約束の場所に来ていたはずです。

約束を守らないことは嫌いですから、待ち合わせには遅れないようにしてください。

②それとなく口元に手をあてている

待ち合わせの時間よりも前に来ていて、疲れて、退屈しているのです。「どうしたのかな」とイライラし、「もしかしたら、すっぽかされたのかな」と不安になっているようです。

そして、そんな不安を打ち消そうとしていますから、あなたを見つけると、パッと笑顔になります。かなりあなたに夢中といえるでしょう。

③手を一方の腕にあてる

男性よりも女性に多く見られるしぐさです。彼は女性的で、優しい性格。待たされても、激しく怒ったりはしません。

ただ、何かを選ぶときに「どっちにする?」と、彼女の意見を大切にしているようなふりをしながら、結局は女性に任せる依頼心があります。**自分の本心は隠すタイプ**です。

④腕組みをしている

「まだ来ないのか。もう来てもよさそうなのに」と、相手に文句を言いたい気持ちのようです。腕組みは「拒否」のポーズともいわれますが、一般的に、**頑固な性格**の人によく見られるポーズです。ストレートな性格で、「俺についてこい！」といった亭主関白型でしょう。

3 会話中に「視線をそらす」人は、相手の気を引きたがっている

何かに同調してもらいたいとき、「みんながやっている」という言葉を上手に使うと、仲間はずれにされたくないという意識が働き、同調に導けます。

落雷などで停電になると、電気のない生活を強いられます。停電のときに暗い部屋で食事をしたときの印象はどうだったでしょうか。そのとき食べたものがたとえ大好物だったとしても、とても味気ないものだったはずです。これは、部屋の薄暗さとともに、不安感が生まれ、なかなか味を楽しむといった気分にまでなれないからです。

このように、不安が私たちの心理に与える影響は想像以上に大きく、逆に、その**不安感を上手に利用すれば、相手をコントロールすることもできます**。

初対面の人同士が話を始めたときに視線をそらすのには、心理学的には2つの意味

があります。ひとつは「これから言うことに神経を集中する」という意味。そしてもうひとつは、「相手を自分のペースにはめよう」という戦略です。

とくに男女間の場合、視線をそらされたほうは相手の心の動きが気になるはず。「もしかしたら、私の言ったことが気にさわったのかしら?」「他に好きな人ができたのでは?」などと強い不安を感じ、完全に相手のペースに乗せられてしまうのです。そこで、相手の気持ちを引きたいときは、会話中にフッと視線をそらしてみると効果的です。

交際後まだ間もないガールフレンドを旅行に誘う場合も、相手の不安を利用するのが、頭のいい心理作戦です。その方法はいたって簡単。「今度の連休には、○○さんも△△も、みんな旅行に行くんだって」と話すだけ。

私たちの心の中には仲間はずれになりたくないという心理があり、「みんながやっている」という言葉に弱いのです。

「相手を自分のペースにはめよう」という強《したた》かな戦略がある人は、「**人間は、みんながやっているという言葉に弱い**」ということを心得ているのでしょう。

4 一目惚れの相手にすぐ目をそらされたら、〝脈がない〟

一目見ただけで胸が高鳴り、恋に落ちることがあります。いわゆる一目惚れです。こんなときは頭がぼーっとしてしまい、物事を冷静に判断できなくなるもの。後先考えず、いきなり告白してしまう人もいます。後悔しないよう、まず相手の気持ちを視線でチェックしましょう。

恋に落ちるスピードは驚くほど速いもの。一瞬にして好きになった相手のことで頭も胸もいっぱいになり、他のことが手につかなくなります。理性はどこかに追いやられてしまい、「こんなに人を好きになったのははじめてだ。もしかして、これが運命の出会いかもしれない」「いや、絶対に運命の人なんだ。このタイミングを逃してはいけない」と勝手に考え、その勢いで告白してしまう人もいます。

ただし、こちらは運命の人と思っても、相手にとっては、突然告白されても迷惑か、人によっては恐怖を感じるかもしれません。

もちろん、一目惚《ぼ》れの人とうまくいく人もいます。しかしその人たちは、好きになったから即告白といった短絡的な行動を取っていません。相手を見つめ続けながらも、心をできるだけ鎮める努力をし、「相手は自分をどう思っているのか」を観察したうえで、次の行動を起こしているのです。

しかし、話したこともない相手の気持ちをどうやって確かめればいいのでしょう。それは、こちらが見つめたときに相手がどんな目の動きをするかでわかります。

たとえば、こちらの視線に対して微笑み返してくれた場合。ほとんどの人は、「やった、脈があるぞ。よし告白だ！」となるのですが、たいてい失敗に終わります。なぜなら、**こちらの視線に対して微笑み返すような人は、単に愛想がいいか、八方美人な性格**だからです。

よく考えてみましょう、知らない人から見つめられて、あなたは微笑み返す勇気がありますか。普通なら「何だろう……知り合いだったかな？」とか、「私、どこか変なのかな？　顔に何かついてるのかな？」と不安になるはずです。それを微笑みで返せるのは、よほどの自信家か、見つめられるのに慣れている人でしょう。こうした人にアタックしても玉砕するのが関の山ではありませんか。

では、こちらの視線を避けるように目をそらす場合はどうでしょう。ポジティブに考える人なら、「恥ずかしがっているな。もしかして脈あり？」と思うでしょうが、残念ながらそれは違います。**目をそらすというのは自己防衛意識のあらわれ**で、「何なの、この人」「ちょっと怖い。関わり合わないようにしよう」と思っているのです。だからこそ、こういう態度をとられたら告白するのは絶対にやめましょう。

たとえば、私にはこんな経験があります。ある座談会の席で、出席者のひとりが正面に座っている人から目をそらしていることに気づきました。そこで「何かあるに違いない」と感じた私は、まず、その人の正面に座っている人に発言をしてもらい、次に視線を向けようとしないその人に「いまの意見についてどう思われますか？」と水を向けてみました。すると驚いたことに、その人は猛然と反論を繰り広げ始めたのです。

後で知ったのですが、その人は以前、正面に座っていた人との論争に敗れた経験がありました。その経験が自己防衛意識となり、目をそらしていたのです。

もし、目をそらした相手の気持ちをつかみたいと思ったら、まずは自分が相手にとって安全な存在であると思ってもらうことです。だからといって、安全さをアピールするために近づくのは逆効果ですから、できるだけ相手と関わらず、静かに視線の中に存在を置くのが得策でしょう。

さて、いちばん脈ありと思われるのが、軽く見返した後に視線をそらす人です。一目惚れの相手がこの目の動きをしたら、まずは嫌われていないと思っていいでしょう。

5 女性の好き・嫌いは「接触の頻度」で決まる

相手の気持ちを無視して強引に口説いても、女心はつかめません。何回もまめにアタックするのが成功の秘訣です。

テレビを見ていたら、プレイボーイとして有名な俳優さんがモテる秘訣を話していました。その俳優さんは背が低く、髪の毛も寂しいようで、失礼ながらとても女性にモテるタイプとは思えませんでした。

ところが彼はモテモテで、数多くの女優さんとつき合っています。彼が言うには、「**モテるにはマメであること**」。「なんだ、そんなことか」とガッカリした視聴者も多いでしょうが、それを聞いたとたん、彼がモテる理由が理解できたのです。

最近は、逆ナンパや肉食系女子といった新たなジャンルの女性も登場しています。しかし、それでも受け身に回る女性のほうがまだまだ一般的といえるでしょう。だから、女性にとっては、相手の男性が自分にどれだけ関心を持ってくれているかが最大の関心事になります。このとき、女性たちが指針としているのが「接触の頻度」なのです。

どんなに高価なプレゼントをもらっても、1週間に一度や1か月に一度しかデートができない関係では、女性たちの心には不安が残るようです。会えない日々が、「他の日には誰のことを考えているの？」「もしかしたら、他に好きな人がいるのでは？」という不安を膨らませてしまうわけです。

アメリカのボッサード博士が、フィラデルフィア在住の5000組の新婚カップルを調査したところ、33パーセントが半径5ブロック以内の距離に住んでおり、**住んでいる場所が遠くなるほど結婚の確率が低かった**ことがわかりました。これも近いほうが接触の頻度が高くなり、関係の強化につながったといえるでしょう。

しかし、「忙しくて毎日なんかとても会えない」という人も多いはずです。それなら、「いつも変わらずあなたに関心を抱き続けている」という気持ちを伝えて不安を解消してあげなければなりません。なにも直接会って伝える必要はなく、電話やメールなどでもいいので、毎日こまめに連絡をとることが大切です。接触の頻度が多ければ多いほど、女性はその男性に心を惹《ひ》かれます。

6 人は〝同じ〟行動をとる異性に惹かれる

会社訪問をする大学生たちのスタイルは一様で、リクルートファッションといわれます。これは「サラリーマン社会へ順応しています」という意思の表示です。

明日は土曜日ですが、仕事が山のように残ってしまい、残業は避けられないようです。このとき、上司からどんな言葉があると、残業を最も受け入れやすいでしょうか。

①残業をしなさい。
②残業をしてください。
③残業をしよう。

おそらく、大半の人が③と答えたのではありませんか。この言い方は日常的によく

耳にしますが、なぜこれが最も抵抗なく受け入れられるのかについては、案外気づいていません。その理由は、残業を一緒にしなければならない仲間の言葉のように感じるからです。

人間は、**アウト・グループ（集団外）の人よりも、イン・グループ（集団内）の人による働きかけのほうが心理的に受け入れやすい**ものです。また、実際はアウト・グループに属していたとしても、この三択のようにイン・グループの人であることを印象づけるように訴えかければ、同じ効果を得られます。

このことから、異性の気を引くコツが見えてきます。たとえば好みの異性がいたら、その人が所属しているクラブに入ったり、同じ科目を専攻する。社会人なら、同じ趣味を持ったり、社内の同好会に所属するのもいいでしょう。こうすると、相手にとって、あなたはイン・グループの人になり、「食事に行こうよ」と誘った場合も成功率が高くなります。

また、仲間意識のひとつに「**シンクロニー現象**」があります。これは、親しい人や尊敬する先輩としゃべり方やしぐさが自然に似てくることで、「彼に好かれたい」とか「彼女と恋人になりたい」と思っている人は、いつの間にか、相手のしぐさを真似《まね》するようになっています。それを意識して、**わざと相手のしゃべり方やしぐさを真似ていると親近感を持たれやすくなる**わけです。

シンクロニー現象はしゃべり方やしぐさだけではなく、服装や趣味、食事の嗜好《しこう》にまであらわれますから、同じブランドの服を着たり同じ飲み物を注文するのも効果的です。

7 髪に自信のある女性は、「襟足の美しい男」が好き

街を歩いていると、身長などが不釣り合いなカップルに出会うことがあります。異性の好みというのはなんとも不思議なものですが、その原因はフェティシズムかもしれません。

初対面の人に心を奪われてしまうことがあります。いわゆる一目惚《ぼ》れというものですが、なぜそんなことが起きるのでしょうか。

実は、**一目惚れをした相手は、自分の体の中でいちばん自信があり、美しいと思っているものを持っていることが多い**とされています。

しかもこの現象は、顔が好みだとか、体全体が好きというのではなく、目、鼻、口などの限定された部分にだけ心が惹《ひ》かれるともいわれています。

たとえば、普段から自分の髪は絹のような光沢で誰よりも美しいと思っている女性は、襟足の美しい男性やヒゲをはやした男性に一目惚れする傾向があります。数百万

円かけて歯を矯正し、それを自慢に感じている男性は、歯並びの美しい女性を見ると胸をときめかせます。このような心理を、フロイト学派のシュテーケルは「フェティシズム（崇物症）」と名づけました。

フェティシズムの原因が幼いころの体験に関係していることがあります。たとえば、周囲に勧められてもまったく結婚する気のない、父親思いの女性がいました。彼女の容姿は人並み以上だったため、言い寄ってくる男性も少なくありませんでしたが、まったく取り合おうとしません。ところがある日突然、その女性が子持ちのバツイチ男性と結婚をしたのです。

「結婚の決め手はどこだったの？」と友人が尋ねたところ、その女性は笑みを浮かべながら、「お父さんと同じでハゲてるところかな」と答えたではありませんか。

実は、彼女の父親もその男性のようにハゲていたのです。無意識のうちに、彼女はハゲのフェティシズムを持っていたというわけですね。

8 舌を出すしぐさをする人は、「幼児性が抜けていない」

女性に男性の嫌な癖をあげてもらうと、「ボールペンや爪を噛む」「ガムをいつまでも噛んでいる」など、口に関するものがよく出ます。これはいずれも未成熟な男性の特徴です。

最近人気の女性タレントのローラさんは、芸能界の大先輩を相手にしても、いわゆるタメ口で接しますが、なぜか憎まれないキャラクターを持っています。「なぜ、彼女だけが許されてしまうのだろう?」と不思議に思い観察していたところ、会話の直後に舌を出したり、頬を膨らませる癖があることを知り、「なるほど!」と思いました。

舌を出したり、頬を膨らませるのは、幼い子どもによく見られるしぐさです。幼い子どもが多少礼儀に反したことをしでかしたとしても、文句を言う人は滅多にいません。もしいたとしたら、その人のほうが周囲から非難されるはずです。つまりローラさんは、このしぐさによって周囲から「幼い子どものやっていることだから、しかたがない。大目に見てやろう」と思われているのでしょう。

舌だけではなく、唇にも性格があらわれます。**乳離れが早すぎたり遅すぎた場合、「口唇期《こうしん》」に固着して口唇期的性格になる**といわれています。「固着」というのは、幼少期の発達段階において学習されるべき体験が不十分な場合、大人になってもその段階に踏みとどまっていることを指す精神分析用語です。

口唇期的性格になると、大人になった後も唇に強い執着を残し、唇に触れるタバコやアルコールなどが手放せなくなったり、指や爪を噛む癖が治らなくなります。つまり、口唇期的性格の人にとってタバコやアルコールは、母親のおっぱいなのです。さらに、**甘えん坊で依存心が強いわりにサディズムの傾向を見せる**こともあります。恋人があなたのバストにばかり興味を示す場合も、この口唇期的性格が考えられます。

ところで、最近は柔らかい食品が好まれる傾向にあります。実はこれも、お母さんのおっぱいを吸っていた赤ん坊のころや子どものころに体験した心地いい感触や、満足感を思い出させるからだといわれています。この傾向は、社会的緊張が増加するに比例して強くなりますから、柔らかい食品の需要は今後も増え続けるでしょう。

9 「一点豪華主義」は、自分に自信がない証拠

はじめて合コンに参加するときには、ブランド品店でいちばん高級なネクタイを買いましょう。「ネクタイだけは誰にも負けない」という気持ちが自信につながります。

大都市の繁華街を歩く若い女性は、高価なブランドもののバッグやアクセサリーを身につけていて、いまもバブル景気が続いているかのようです。

高価なブランド品や高級車を買うのは、「自分は普通の人間とは違い、一流なのだ」と思いたい心理のあらわれです。

悪く言えば「トラの威を借るキツネ」かもしれませんが、心理的なプラスもあります。それは、**「自分は一流」と思い込むことにより、行動が積極的になる**と考えられるからで、そういう人はそれなりに、自分を変えようと必死に頑張っているのではないでしょうか。

内気で何事も悲観的に考えがちな人は、言い方を変えれば、自分に自信がない人です。自信がないから、好きな異性に告白もできませんし、新しいことに対して踏み出す勇気も出てきません。

内気な自分に嫌気が差したり、陽気な人間になりたいと思ったら、何かひとつ、自分には不相応な高級品を買ってみることです。男性なら靴、女性ならバッグなど、何でもいいから何かひとつ世界の一流品を持つという新しい体験をしてみましょう。

欲しいものがないなら、月に一度くらいはとびきり高級なレストランで食事をするという贅沢《ぜいたく》をしてもいいでしょう。「無駄遣い」と思う人もいるでしょうが、こんなことによっていままでになかったプライドが得られます。そして、この体験が明るく積極的な人間に変えていくのです。

いままで一度も異性とつき合ったことがないという人の多くは、魅力ではなく積極性に欠けているように思います。つまり、ブランド品を身につけたり高級レストランへ出入りするだけで、モテ男・モテ女になれる可能性が高いということ。エステサロンや結婚相談所に高いお金を支払うのもいいでしょうが、無駄遣いと思えるようなお金の使い方も試してみる必要があります。

整形手術を受けると性格や行動も変わることが知られていますが、その理由は肉体のイメージだけではなく、心のイメージが変化するためです。つまり、整形手術は単なるきっかけで、何かを変えて積極的な気持ちに切り替わったから、性格や行動に変化があらわれたのです。

10 女性が〝しきりに〟耳たぶや髪の毛に触れたら〝退屈している〟

「なくて七癖、あって四十八癖」ということわざどおり、人はさまざまな癖を持っているものです。その癖から、深層心理を解明できます。

話している最中にさかんに手を口にやる人、タバコの吸い口を噛《か》む人、やたら貧乏ゆすりをする人など、人間はさまざまな癖を持っています。

癖の種類は千差万別、十人十色ですが、その人に「ねえ、何やってるの？」と聞いても、本人はまったく自覚がない場合が多いようです。なぜなら、癖というのは人が無意識にする動作だからです。つまり癖にこそ、その人の深層心理が隠されているということでしょう。

癖というのは自分の感情や欲求が抑圧されたときにあらわれやすくなります。

かつてアメリカで、ユニークな実験が行なわれました。学生たちにかなり難しい問

題のテストを実施したのですが、その際に解答が書かれた紙を机の上に伏せて置き、「テストが終了するまで見ないように」と言い残して、試験官は教室を出て行きました。

別室から学生たちの様子を隠しカメラで観察したところ、当然のように、カンニングをする者としない者に分かれました。そして、指を噛む、親指をしゃぶる、頭をかきむしる、髪を指に巻き付けるなどの癖を出した人は、カンニング組が48パーセントだったのに対し、非カンニング組では約2倍の83パーセントにも達しました。つまり非カンニング組は、「解答を見たい」という欲求を抑えていたため、癖が出やすくなったのです。

癖から本音を読むのは、とくに女性に対して効果的な心理テクニックです。なぜなら「女性は自分の感情をストレートに口に出すのはよくない」とする社会通念があり、どうしても感情が抑圧されがちだからです。その結果、本来の感情が癖となってあちこちにあらわれます。女性にモテる男性は、このメッセージの読み方が先天的に優れているのかもしれません。

たとえば、デートや合コンであなたが熱心に話しているのに、相手の女性がしきりに耳たぶや髪の毛を触っているようなら、残念ながら退屈していると考えていいでしょう。

彼女は「その話はつまらない」と言えないため、**自分の耳たぶや髪を触るといった「自愛」行為を行ない、無意識のうちに安らぎを感じようとしている**のです。こんな場合は話題を変えてみること。それでも自愛行為が出るようなら、惜しい気持ちはわかりますが、デート自体をそろそろ切り上げ、彼女との関係を考え直したほうがいいかもしれません。

しかし、会話の最中に彼女が口を手でおおったり、足をめまぐるしく組んだり解いたりしている場合は、脈ありと考えられます。このようなしぐさには「あなたの関心を引きつけたい」といった心理が働いているからです。

とくに、相手が話しているときに手で口をおおうのは女性特有のしぐさです。つまり、彼女はこのしぐさを繰り返して、自分の「女らしさ」をアピールしようとしているわけです。さらに関係を進めるチャンスともいえるでしょう。

11 長いつき合いの女性がメガネをかけてきたら、「恋の終わりは近い」

いつもはコンタクトレンズを使っている女性が、メガネをかけた姿を見せるのは、常に化粧をしている人が素顔を見せるのと同じ。これには「本当の自分を見てほしい」という気持ちと、「別にこの人によく思われる必要なし」という気持ちが隠されています。

男性は、好きな女性の素顔を見たがるようです。それは、化粧をした仮の姿ではなく本当の姿を知りたいという思いと、そんなプライベートな姿を見られる立場にある自分に満足するからです。

しかし女性としては、相手が好きな男性であればあるほど、少しでも美しい自分を見せたいと考えます。だから、つき合い始めのうちは、なかなか素顔を見せたがりません。

つき合って間もない相手の男性が、デートの流れでどこかに泊まろうと言い出した場合、ごく普通の女性なら拒むはずです。それは、肉体的な関係を結びたくない、そこに至るにはまだ時間が必要だと感じるからですが、彼に素顔を見られたくないという気持ちも少し含まれています。

そのため、相手の男性と泊まることになっても、一晩中起きて話をしていたり、彼が寝た後に寝て、彼が起きるより先に起きてしっかりメイクをする女性もいるようです。

女性が相手に素顔を見せるときは、「本当の私も見てほしい」「私の弱点も受け入れてほしい」というメッセージ。ここには、**「もっとあなたと親密な関係になりたい」という気持ちが隠されている**わけです。

ですから、いつもメイクをしている顔しか見せない彼女が素顔で現れたり、常にコンタクトレンズを使用している女性が、メガネをかけて来た場合は、「もっと仲良くなりましょう」というサイン。さりげなくそれに応えてあげると、次の段階へとステップアップできます。

ただし、これはつき合い始めの相手のケースです。つき合いが長く、マンネリ化してきたころに、彼女がデートにメガネをかけて現れたら、「新しい一面を見せてくれるのかな」などと喜んではいられません。

なぜなら、**「この人に、私の美しい姿を見せる価値なし」と判断されている**かもしれないからです。それまでどおりのつき合い方をしていると、別れ話を切り出されるのも時間の問題でしょう。

だからこそ、ある程度つき合っている彼女が素顔を見せたり、メガネをかけるようになったら、ちょっとしたプレゼントを贈る、いつもと違う場所に遊びに連れて行く、自分自身に磨きをかけるなど、新鮮な気持ちになる方法を考えてみましょう。

それがきっかけで、また仲の良い恋人同士に戻れるかもしれません。

12 「頬杖をついている」女性は、口説きやすい

心の中で展開されている思考活動や意識活動、無意識活動などが言葉や表情を上回ってしまった場合、人はそれを手や足の動きで発散しようとします。

これまでに話した以外にも、癖やしぐさには、さまざまな意味が隠されています。そこで、代表的なものをいくつか紹介しておきましょう。

①頭をかきむしる

横溝正史の小説に登場する私立探偵・金田一耕助が、推理が煮詰まってくると見せる癖です。これは、考えていることを強調し、なんとかいい考えをひねり出そうとしているときなどに見られます。

手の動きが激しくなるのは、「あと一歩」という多少の焦りはあるものの、思考ス

ピードが速くなっている証拠でもあります。**名案が浮かぶのは間もなくというサイン**ともいえそうです。ボーイフレンドがこんなしぐさを見せたら、しばらくひとりにしておいてあげましょう。

②頬杖をつく

この癖も頭を使っているときに出ます。しかし、頭をかきむしるように激しく考えているのではなく、じっくり考えているときやぼんやりと考えているときで、集中力も比較的弱い状態です。

女性では、**自分の弱さをカバーしたいと考えているときによくこのポーズが出ること**があります。こんな姿を見かけたら「何か悩みでもあるの?」「僕が力になるよ」と優しい言葉をかけてみましょう。その一言で関係が深まるかもしれません。

③ペットやぬいぐるみなどに頬ずりする

女性によく見られるしぐさですが、明らかに**愛情に対する欲求不満が深層心理にあること**を示しています。

つまり、自分を愛してくれる人、もしくは愛情を捧げる相手がいないために感じている不満や不安を、ペットやぬいぐるみを溺愛《できあい》することで癒やしているのです。心理学の世界では、これを「**代理満足**」と呼びます。

④自分の胸を指さす

女性に多く見られるしぐさです。とくに「私」と言いながら、自分の胸を指さす場合が多いようですが、これは**自分に自信がなく、存在感が欠落している**ことをあらわしていると見るべきかもしれません。こんなときさりげなく褒めてあげると効果があるはずです。

⑤指の骨をポキポキ鳴らす

映画などではケンカをする前によく出てくるポーズですが、ケンカでなくても、そのものズバリ、相手を威嚇しようとしている動作です。**自分の思考に自信がない**ため、このようなしぐさで虚勢を張っていると見るべきかもしれません。「なんか気にさわることでもあるの？」と、優しく聞いてあげるのもよいかもしれません。

13 シンプルなネックレスの人は、「自分に自信がある」

女性にとって、素肌が見える胸元は、いつも気になる部分といえます。その胸元を美しく飾るネックレスは、いったい何を暗示しているのでしょうか。

首は服に隠れないところで、心がそのまま見える部分です。また、女性のプライドをあらわすとされ、エリート意識を物語ります。したがってこの部分を飾るアクセサリー、つまりネックレスには、その人の自尊心の強さが示されていると考えられるわけです。

①華やかで高価なネックレス

首に飾るものは勲章と同じだと考えてみてください。そうすれば、華やかで高価であればあるほど、**自尊心の強い人**だと推察できます。男性に対しても、時にはヒステリックで高飛車な態度をとる人かもしれません。

②ゴールドの太いネックレス

恋愛に関しては高い条件をあげる人が多いはず。お金や物質的なものに対する欲求が強い人だと思われるからです。このタイプの人は、感情の起伏が激しく、**少しでもプライドを傷つけられると、やたら攻撃的になる**可能性が高いと思われます。

③シンプルなネックレス

かなりのプライドがありながら、表に出さない賢さを持っています。**高収入の女性や能力に自信を持っている女性**はかえって、すっきりシンプルなネックレスをつけていることが多いです。

④ハートのネックレス

ハートはむろん愛のシンボル。これを気にせずに首にかける女性は、**やや自己表現が下手というか苦手なタイプ**。おとなしい感じを受けますが、恋愛の面では、情熱を心に秘めています。頼りがいのある、しっかりした男性を求める傾向があるでしょう。

⑤何本も重ねたネックレス

自分の魅力が理解されていないと考えている場合が多く、かなり欲求不満の状態です。自分で気がついていないことが多いようですが、**自己顕示欲が強く、自分の個性を周囲に認められたい**と思っています。

14 相手の言い分を受け入れる人は、「口ゲンカがうまい」

攻撃型の人間は、対立意見を言えば言うほど立ち向かってきます。だから、いったん相手に好きなだけ話させて、とりあえず相手の言い分を受け入れます。すると、相手の勢いが弱まるのです。

恋人同士では、口ゲンカは日常茶飯事。逆に口ゲンカもしないカップルは、「ケンカするに値しない相手」と考えているか、どちらか一方が極端に我慢しているものです。

だからこそ、口ゲンカができるカップルのほうが本音でぶつかり合えて、良い関係を築けるようになるのですが、ケンカはエネルギーを消費します。できる限りおだやかにつき合いたいのが本音でしょう。

しかし、お互いに自我が強かったり負けず嫌いな性格の場合は、単に口ゲンカといっても、激しい火花が飛び散り、その勢いで別れ話にまで発展してしまう危険性があ

ります。だからこそ、自我が強い相手とのケンカには、心理戦をする必要があります。負けず嫌いな人は、自分の意見に固執します。そして、なんとしてもそれを相手にぶつけずにはいられません。それを途中で「いや、あなたの意見は間違っている。正しくは○○なんだ」などと話の腰を折れば、火に油を注ぐようなもので、前にもまして激しく自分の主張をぶつけてくるでしょう。

さらに、口だけでは足らずに、手が出てくるかもしれません。愛し合うふたりが暴力をふるうなど、絶対に避けなくてはいけません。こんな場合は、いったん相手の言い分を受け入れてしまうのが最善のポイントです。

ただし、言い分を受け入れるといっても、相手に迎合して自分の意見を曲げるという意味ではありません。**相手の投げかけてきた言葉を、すぐに投げ返すのではなく、とりあえず受け止めてやる**のです。

「俺は○○と思う。だからお前が悪い！」という主張に対して、「なんですって？　それなら言わせてもらうけど、そもそもあなたが悪いのよ」と言うのではなく、「そう……あなたは○○って思ったのね。だから私が悪いって感じているんだ。それで、あなたはどうしたいの？　それを聞かせて」というように、まずは相手の気持ちをそのまま受け止めるのです。

そうすると、**自己主張したいという欲求が満たされて、燃え盛っていた怒りの炎がおさまる**でしょう。そして、「こちらの話を聞いてくれたから、相手の話も聞こう」という流れができます。やがて、冷静に話し合ううちに、「なんだ、そんな些《さ》細《さい》なことどうでもいいじゃないか。ケンカするなんてバカバカしい」という結論に達する場合が多いのです。

口ゲンカが上手な人は、けっして持論で相手をねじ伏せようとはしません。なぜなら、抑えつける力が大きければ大きいほど、反発も大きくなるのを知っているからです。勝ちたいと思うなら、まず、相手の言い分を受け止めればいいわけです。

15 不満をはっきり言い合うのは、〝いいカップル〟の証

言いたいことを包み隠さずズバズバ言うと、人間関係がうまくいかないように思われています。しかし、相手への不満がオブラートに包んだような言い方だと、かえって相手を苛立たせてしまうことが多いようです。

「きついことを言われて立ち直れなかった」「言葉のイジメをうけた」などと聞くと、相手に不満を伝える場合は、できるだけストレートに言わず、遠回しな言葉を選ぼうと思いがちです。

たしかに、太っている恋人に向かって、「あなたってデブね。もっと痩せなさいよ」と言ったら、恋人は傷つくでしょう。もしかしたら、その一言がきっかけで別れが訪れるかもしれません。

しかし、「私にふさわしい人ってどんな人だと思う?」とか、「もうちょっとだけ、なんとかしてほしいのにな」などと抽象度の高い言葉を使われると、「それってどう

いう意味なんだろう？」「なんとかしてほしいって、彼女はいったい何が言いたいんだろう」と、かえってややこしいことになってしまいます。

人によっては、遠回しな言い方の意味を「そんなこと自分で考えなさいよ」「わからないならわからないでいいわ、鈍感な人」と言われているように受け取り、**直接不満を口にされるより、ずっとイライラすることもある**に違いありません。

だからこそ、不満を伝える際には、かえってできるだけ具体的な言葉を使って、自分が何に対して不満を抱いているかをはっきりさせる必要があるわけです。

たとえば、太めの恋人の例であれば、「あなた、最近少し体重が増えたんじゃない？　太りすぎは体によくないから、少しダイエットをしたほうがいいんじゃないかしら？」とか、「私はどちらかといえば細めの男性が好きなの。だから、もう少し痩せてもらえたらうれしいんだけど」などのように、相手への気づかいを入れながら、具体的に「痩せてほしい」「ダイエットしてほしい」という気持ちを織り込んでみます。

そうすれば相手も、「そうか、言われてみればたしかにそうだよな」と省みるでしょう。ポイントは、**相手の気持ちを思いやりながら、しっかりと伝えるべき点は具体的に伝える**ことなのです。

16 「だって」「どうせ」「しょせん」を使ってきたら、別れたいサイン

「だって」「どうせ」「しょせん」には、反抗や自暴自棄など、人と人とを離反させる要素が含まれています。恋人がこの言葉を多用するようになったら、別れてもいいと思っていると理解できます。

想像してみてください。こちらの声かけに対して、いちいち「だって」「どうせ」「しょせん」と切り返される会話を。

たとえば、彼女がデートに遅刻してきたとします。それを注意したときに、「だって、私、疲れてるんだもん。朝起きられなくたってしかたないでしょ」とか、「どうせ、デートっていっても、ろくなところに行かないじゃない」とか、「しょせん私は遅刻魔よ。残念ながらルーズな女なの」と言われたら、イライラした気持ちになるでしょう。なぜなら、これらの言葉には**相手を受け入れない批判的な要素が含まれているから**です。

こうした言葉を立てつづけに浴びせられると、まるでボディ・ブローをくらったようなダメージを受けます。

もし、恋人がこうした言葉を多用するようになったら、別れのサインと理解していいでしょう。心の中では、別にどう思われたっていい、嫌ってもらって結構、といった投げやりで卑屈な思いを抱えているに違いないからです。

そのため、直接「別れたい」という言葉を出さなくても、相手を苛立《いら》たせ、「そんな卑屈なことばかり言うやつとは別れてやる」と考えさせる結果になるのです。

17 男の浮気は、「あいまいな問いかけ」でわかる

人間の心理には、あいまいなことを自分の身に当てはめて解釈するという一面があります。だから、あいまいな問いかけなのに、思わずポロリと隠し事を話してしまったりするのです。

「消防署のほうから参りました」と、高額な消火器などを売りつける詐欺がありました。どう考えても高すぎる消火器なのに、なぜ買ってしまったのかと聞くと、「だって、消防署の人だと言うから、信用してしまった」と言うのです。しかし、詐欺師は「消防署の人間だ」などと一言も言っていないと主張しました。

これはちょっとした言葉のトリックで、詐欺師は「消防署のほうから」と言っているのです。つまり「消防署の方角からやってきました」というのを、聞き手のほうが勝手に「この人は消防署の人間なんだ」と思い込んでいます。

このように、人間の心理には、自分勝手に物事を解釈する場合が珍しくありません。

この詐欺師の例にかぎらず、**どちらともとれるようなあいまいな言葉や音、図形などに触れたとき、人はそれを自分の過去の体験や、そのときの心理状態を投影して解釈する**一面を持ち合わせています。それを犯罪行為に応用するのは論外ですが、相手の真意を測りかねたときなどに、この心理テクニックを使うのも一法でしょう。

たとえば、恋人に浮気疑惑が浮上したとき、「あなた、浮気してるでしょ！」「他に好きな人ができたんだな！」と、ストレートに言葉を投げつけたら、相手はしらばっくれるか、逃げるか、はたまた逆切れしてしまうか、あまり良い結果は望めません。まずは相手のしっぽをつかむために、あいまいな問いかけで探りを入れるのです。「**あなた、最近うれしそうね。何かいいことがあったの？**」とか、「ここのところ、ファションに磨きがかかっているね」など、相手をいきなり攻めるのではなく、さりげなく核心に近づいていくのです。

するとポロリと、「このシャツは銀座のブティックで買ったんだ」などと言うかもしれません。そのときにすかさず、「へぇ、そのブティックには誰と行ったの？」と聞けば、相手はシドロモドロ。浮気の証拠をうまくつかめたりするものです。

18 「二者択一」でデートに誘う人は、〝恋愛上手〟

迷いがある相手に対しては、二者択一で迫ること。しかも、選ばせたいと思っている項目を後に持っていくのが秘訣です。

恋人とさらに親密になりたい——こんなとき、最も有効なのは旅行に誘うことでしょう。ふたりきりの濃密な時間を過ごせば相手との相性もわかってくるし、結婚へも近づくかもしれません。

しかし、相手が慎重な場合には「旅行へ行こうよ」と誘ってもなかなかオーケーの返事がもらえないかもしれません。そんなとき、ちょっとした心理テクニックを使うと「旅行に行かなくてはならない」という気持ちにさせられるのです。

相手を旅行に誘うためには、2つのプロセスを踏む必要があります。

第1のプロセスは、一緒に旅行へ行くのを認めさせること。そのうえで、第2のプロセスである「どこへ行くか」という決断を迫るのが普通です。このとき、**第1のプロセスを省略して話を進めると、相手は、あたかも第1のプロセスを認めてしまったような錯覚に陥る**のです。

たとえば、「海の見えるコテージと高原のリゾートホテル、どっちにする？」といきなり聞いてみます。こう聞かれると、どちらか選ばなくてはならないという心理になるため、ついつい「高原のリゾートホテルかな」と答えてしまうのです。

このように、相手が当然のように第1のプロセスを認めているそぶり（「一緒に旅行へ行くというのは了解済みだよね」）を見せられると、それを打ち消しにくくなります。つまり、恋人は「いや、でも旅行には行きたくない」とは言いにくくなってしまうわけです。

これは、デートの相手にお酒をすすめるときにも使える心理テクニックです。

あまり親密ではない時期は、お酒に酔って気を許してしまうのを恐れるため、とくに女性は遠慮がちになるようです。そこで、「カクテルにする？　それともワイン？」と具体的な飲み物の種類を示します。

すると、相手は「飲むことを了解した」という錯覚に陥り、さほど抵抗なく「それなら……ワインにしようかな」と答えてくれるはず。

すでにお気づきでしょうが、ここでは**選ばせたいほうを必ず後ろに持っていく**のがポイントです。そして、このような二者択一の迫り方をする男性は、かなり女性の心理に通じているといえるでしょう。

迷っていたはずなのに「なぜか相手の言いなりになってしまった……」ということがあるなら、思い返してみてください。相手が示した選択肢を選ぶ前に、「やるか、やらないか」という根本的な迷いが吹き飛んでいたことがわかるはずです。

19 あなたに腕時計をくれる人は、「独占欲が強い」

その人があなたをどんな目で見ているかによって、プレゼントの中身は変わってきます。何をプレゼントしてくれるか……それは重大な問題です。

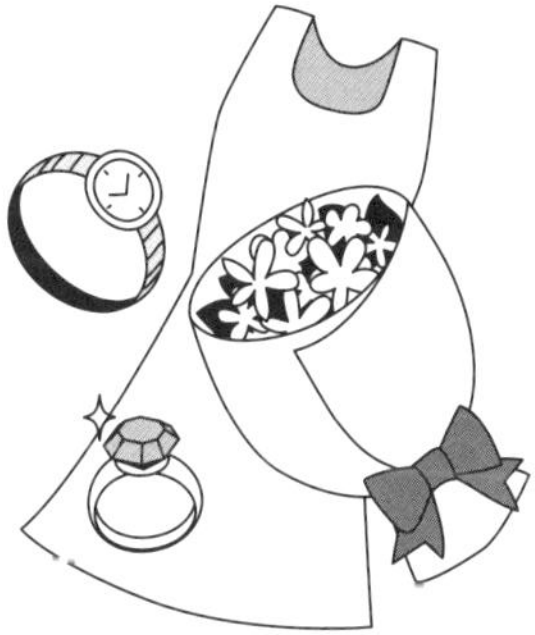

プレゼントを選ぶときには、自分のイメージと、相手の好みを想像して決めるものです。相手が恋人の場合は、趣味や好みも十分に知っているはずですが、あなたの彼は、あなたのことをどう思っているでしょうか。

①アクセサリー　きっと、自分のことをもっと知ってほしい、自分の誠意をわかってほしいと考えているのでしょう。あなたが身につけるアクセサリーによって、**安心感を得たいと思っている**のです。

②**花束**　花をプレゼントされて喜ばない女性はいません。花は女性美のシンボルであり、美しさと清純さの象徴です。彼は、あなたをエレガントですばらしい女性だと思っています。**「これからもずっと美しく、女らしくいてほしい」と願っています。**

③**腕時計**　高価なものです。しかも身につけてもらえるものなので、男性にとっては深い意味が込められていると考えられます。ひとつは、自分の財力を示したい気持ち、もうひとつは、**いつもあなたの時間を独占していたいという願い**です。

④**洋服**　服の好みというのは人それぞれです。そこで、服を贈る男性は、かなり自己中心的な性格といえます。あなたのイメージを、自分で決めつけているところがあるからです。あなたを連れて行かず、彼だけで買ってきたとすると、**相手のことを「こういう女性だ」と勝手に理解している**と思っていいでしょう。

20 レストランに「スニーカー」で来る女性は、結婚に不向き？

靴にはその人の趣味や嗜好、そして性格もよくあらわれます。そのため、恋人の女性がどのシーンでどの靴を選ぶかによって、結婚相手に適しているかどうかがわかります。よく注意して見てみましょう。

最近では男性もさまざまな形の靴を履くようになりましたが、やはり女性のそれとは比べ物になりません。パンプスやハイヒールとひと口にいっても、ヒールの高さによって雰囲気はガラリと変わりますし、また、素材が革なのか、人工皮革なのか、エナメルかビニールかによっても違うでしょう。

さらに、ミュール、ローファー、サンダル、ロングブーツ、ショートブーツ、レインシューズ、デッキシューズ、バスケットシューズ……と、靴の種類をあげるときりがないほどです。

しかし、よほどのおしゃれでないかぎり、すべてのジャンルの靴を幅広く持ってい

るわけではありません。ハイヒールが好きな女性はハイヒールばかり何種類も持っているでしょうし、スニーカー好きの女性は数えきれないほど持っているのに、ハイヒールは冠婚葬祭用の一足しかない、といったこともあるようです。

このように、靴には個人の特性があらわれやすいので、それを注意深く観察すれば、恋人の女性のタイプも見えてくるのです。

たとえば、レストランでデートをする際に**ハイヒールを履いてくる女性は、相手に少しでもよく見られたいという気持ちが強い**でしょう。なぜなら、ハイヒールは一般的に男性に人気が高いからです。

ただし、ハイヒールを選ぶ人は自己顕示欲が強い場合が多く、結婚しても見栄を張った生活をしたがったり、自分は働かずに男性だけに稼ぎを求める傾向があります。

それに対してローヒールを履いてくる女性は、ファッション的にも機能的にもバランスがとれているため、結婚したらしっかり者の良妻になるでしょう。**ローヒールは歩きやすいので、男性と歩調を合わせ長く歩きたいという気持ちのあらわれ**でもあるのです。

では、いちばん歩きやすいスニーカーでやってくる女性はどうでしょうか。最も機能的な靴なので、結婚相手に向いているように見えるかもしれませんが、それは違います。

なぜなら、レストランというあらたまった場所に、運動をするためのスニーカーを選ぶのは、**「私は自分のしたいようにする」「まわりの目なんて気にしないわ」というゴーイング・マイウェイタイプ**といえます。

ですから、こういう人と一緒になると、「結婚しても、私は私だから」と主張し、平気で何日も家を空けて旅行に出かけたり、独身のころと同じように友達づき合いをしたりします。

結婚したら妻の務めに力を注ぐというタイプではありません。つくすタイプを求めるのなら、スニーカーを履いてくる女性は避けたほうがいいでしょう。

21 目をそらして話す男とつき合うのは、〝時間の無駄〟

「目は心の窓」といわれるように、相手の目の動きを見れば、その人が何を考えているのか、どんな性格なのかわかります。恋人の目をしっかり見つめられないような男性は、よほど自信がないか、あるいはうしろめたい隠し事をしているかもしれません。

目の動きは常に心の動きと連動しています。刑事が、容疑者から目をそらさずに話すのは、相手の心の内を見逃さないためです。

相手の目をじっと見つめる人は強い意志を持っています。この手の男性は仕事においても一本筋が通っているため、将来を期待されるタイプでしょう。と同時に、自信家でワンマンなところもあり、結婚すると支配的になる傾向があります。相手にいろいろ決めてほしい、引っ張ってほしいというタイプの女性にはピッタリですが、自分の意志を貫き通したいと考える女性とは衝突が避けられません。

また、**上目づかいに相手を見る男性は弱気なのか、ずる賢いタイプ**でしょう。後者の場合、口で言うことと心の中が違います。

よくあるパターンでは、自分の不幸な身の上を切々と語ります。たいていウソか、同情を引くためにデフォルメされた話ですが、情に厚いタイプや、世話好きなタイプの女性は気の毒に思い、「自分が支えてあげなくては」と考え、恋愛感情が生まれます。そして、首尾よく女性のハートをつかんだとたん、借金を申し込んで相手を食い物にしたり、涼しい顔で浮気をしたりするのです。ですから、上目づかいの男性と出会ったときは、弱気なのか、ずる賢いタイプなのかを見分けることが大切になってきます。

そのポイントは、いきなり自分の話をするかどうかです。なぜなら、弱気な人は会って間もない人に身の上話をする勇気を持ち合わせていません。そこで、ずる賢いタイプだと見破れます。

次に、目をそらして話す男性です。このタイプはけっしてバカではなく、むしろ優秀かもしれません。しかし、自信がないため、相手と視線を合わせられないようです。このタイプの男性は、仕事においてもこんな調子ですから、せっかくの実力をビジネスに生かしきれず、出世街道からは早い段階で外れがちになるでしょう。なおかつ、職場内でも溶け込みにくく、存在が希薄になりがちです。

こういう男性は女性とつき合いが始まっても、相変わらず自信がないままで、女性の愛情さえ受け止められません。つまり、どんなに愛情を注いでも、「どうせ自分なんか本気で愛してもらえるわけがないんだ」「しょせん、一時の感情だろう」と真剣に受け止めようとしないのです。なぜなら、そう自分に言い聞かせることで、別れを切り出されたときのショックを最小限に抑えようとしているためです。

つまり、**つき合いながらも常に心のどこかで別れを予感している**のですから、相手に本気で愛情を注ぐことなどできないでしょう。だからこそ、目をそらして話す男とつき合うのは時間の無駄というわけです。

さらに、つき合い始めるようになってから目をそらすことが増えたのなら、まずは浮気を疑いましょう。浮気でなければ、もっと他に人に言えないような隠し事があるのかもしれません。心の中のうしろめたさは視線にあらわれるからです。

22 視線をそらさない女性は、「嘘をついている」可能性大

行動科学者のアービン・ゴフマン博士は、「チラリと見て目を伏せるのは、『あなたを信頼しています』というボディ・ランゲージである」と語っています。

視線があらわす心理についても、少し詳しく紹介しておきましょう。一口に視線といっても、いくつかに分けられ、それぞれに意味があります。

①相手の視線がこちらを向いているかどうか

当たり前のことですが、これは自分に対する興味や親近感あるいは関心の有無を示しています。知らない者同士が偶然に視線を合わせたときは、一秒もたたないうちに視線をそらすものです。これは長く見つめられるとプライバシーを侵害される気がするからです。街の中でまったく見ず知らずの人から見つめられると、苛立《いら》ちや恐怖を

感じるのはこのためです。

友人、恋人、夫婦といった関係では、お互いにある程度はプライバシーの侵害を暗黙のうちに了解しているため、視線を合わせる回数が多くなります。中でも**男性が視線を向けてくるときには、何らかのコミュニケーションを欲している**と考えていいでしょう。

女性の場合はやや複雑で、嘘《うそ》をついているときに相手を見つめることがあります。向かい合った女性が長くこちらを見つめていて、なかなか視線をそらさないときは、「何か隠し事があるな」と考えたほうがいいかもしれません。

これは、心理学者のR・V・エクスラインらの実験によって導き出された結論です。彼は男女数人の被験者に、事前に「真意を隠しなさい」と指示した場合としなかった場合の2つの状態を設けたうえで、一対一の面接を行ないました。その結果、男性は事前に「真意を隠しなさい」と指示された場合に面接官を見つめる時間が格段に短くなったのに対し、女性は逆に長くなることがわかったのです。

このことから、女性は、真意を悟られまいとするほど相手を見つめる傾向があるとされています。

②視線の動きはどうか

昔から「視線をそらさず、じっと人の目を見て話す人は誠実だ」といわれています。しかし、初めから終わりまで相手を見つめ続けていたら、逆に敵意があると思われかねませんし、そんなことをする人はまずいません。ポイントは、話のどこで相手を見つめていたかという点です。

心理学者のケンドンが、対話中にいつ相手に視線を向けるかを調べたところ、話の最初と終わりごろに視線を向ける時間と回数がグンと増加したそうです。話の最初に視線を向けるのは相手の注意を引くためで、話し終わりのときは、どのくらいわかってくれたかを知ろうとしているのでしょう。つまり、**最初と最後にこちらを注視しない人の話は、あまり中身がない**と考えていいことになります。

③視線の方向はどこか

異性に対して視線を一度向けただけで、それからは故意に見ようとしない人がいます。これは**性的欲求が強い**ことのあらわれかもしれません。

たとえば、電車に美人が乗ってくると、男性たちの視線が集まります。しかし、若くエネルギッシュな男性ほど、その後そっぽを向いたりします。関心があるにもかかわらず、強く自制するのです。

さらに関心や欲求が高まると、横目でチラチラ見るようになります。これは、相手のことを知りたいが、自分が関心を持っているのを相手には知られたくないという気持ちのあらわれです。異性があなたにこうした視線を向けたときは、あなたに関心があると考えていいでしょう。

④視線が発せられる位置はどこか

上司と仕事の打ち合わせをしているときを思い出してください。まず間違いなく、上司の視線はより高いところから出ているはずです。しかも、その視線はかなり鋭く、そらすこともありません。それに対し、あなたは何もやましいことがないのに、視線が低くなり、しかも弱々しくなりがちです。

このことからもわかるとおり、**地位が高い人ほど視線の位置が高くなり、なおかつ鋭くなります**。これは、下位の者に対して威厳を保とうとする深層心理が働くからです。

ちなみに、他人を見下すような雰囲気や言動を「上から目線」といいますが、心理学的に見ても的を射ている言葉といえるでしょう。

⑤視線の集中度は

これは、目そのものの動きとも密接な関係があります。たとえば、テレビ討論会などを見ていると、出演者の目が左右に素早く動くことがあります。これは、**弱点を突かれてどう反撃しようかと、頭の中で思考がめまぐるしく展開している証拠**です。必死で何かを考えていると、こんな視線の動き方が見られます。

また、緊張や不安、警戒心のあるときも、できる限りの情報を入手して落ち着こうとするため、同じような目の動かし方をすることがあります。

23

「雨の日に」別れ話を持ち出す男は、要注意

大きな違いがない商品をPRする場合は、ムードやギャグで印象づける広告を打つことがあります。これが意外なほど効果的なのは、人間がムードに弱い証拠です。

女性はムードに弱いといわれますが、雰囲気に左右されるのは女性にかぎったことではありません。雨が降っているときは誰でも陰鬱な気分になるものですし、逆にカラッと晴れわたった空を見ると、やる気が湧いてくるでしょう。

気分を左右するのは、時刻や場所などさまざまな要素がありますが、とくに天候と時間は重要なファクターといえます。ところが、意外にこれに無頓着な人が多いのです。

雨が降ると暗い気分になるのは、心理学でいう「アクティビティ・レベル」がグンと低下するためです。陰鬱どころか、中には体が重くなったと感じる人もいるほど、

雨が人の心理に与える影響は大きいものです。

こんなときに、何か新しい行動をすすめても、相手はなかなか首を縦に振ってくれないでしょう。そこで、「恋人と初めて旅行に行きたい」など、**ちょっと難しいかなと思っている計画を持ち出すなら、晴天の日がいい**ということになります。

悪名高きヒトラーは人心掌握術に長《た》けていたことで知られていますが、彼もこの天候と時間のトリックをよく使いました。たとえば、演説会を開くのは、晴れた日の黄昏《たそがれ》時と決めていました。夕方というのは、ちょうど気分が陽から陰に変わりつつある時間です。そのとき威勢のよい美辞麗句にあふれた演説を聴かされた民衆は、批判力が低下して陶酔してしまったのです。

また、女性に対して別れ話を持ち出すなら、雨の夜がおすすめといえます。女性は男性に比べて天候などの自然条件がつくりだす雰囲気に影響されやすいところがあります。雨と夜がもたらすしんみりした雰囲気が、受け入れにくい別れ話をオブラートに包み込み、**あたかも自分が映画のヒロインになったかのような非現実感を彼女に与えます**。そして、なんとなく別れを納得してしまうのです。

セールスマンも天候をよく利用します。彼らの世界には「セールスは、雨の日、雪の日に行け」という言葉があります。訪問された人は、相手は勝手に通ってきているのだし、これはセールスの戦略だとわかっていても、どしゃ降りの日に玄関に立たれると、どうしても「かわいそうだ」という感情が湧くものです。

これは、心理的な貸し借り感情をうまく利用したもので、買うつもりのない人でも、天候の悪い日に訪問されると、**相手の手をわずらわせているという心理的な負い目や借りの感情が芽生えます**。「天気のいい日に来てくれたら、ずぶ濡れになることもなかっただろうに、申し訳ない」と考えてしまい、ビジネスライクに断れなくなるのです。とくに日本人はこの感情に敏感で、何らかのお返しをして相手（この場合はセールスマン）とバランスのとれた人間関係を取り戻さなければと考えるのが特徴です。

また、新聞や雑誌の記者の取材方法で、昔も今も変わっていないのが「夜討ち朝駆け」です。事件や政変、スキャンダルなどを取材するときに、事件関係者や政治家の家へ、その人が仕事を終えて帰ってくる深夜や、起き出してくる早朝を狙って取材に行きます。

彼らは昼間は映画館や喫茶店でのんびりしているかもしれず、たとえ夜討ち朝駆けをしたとしても、勤務時間は一日8時間以内におさまっている可能性もあります。しかし、他の人が休んでいる時間に働いているというデモンストレーションが、四六時中追いかけまわすよりも、相手に心理的負い目を与えるわけです。

セールスマンや記者が使っているこのテクニックを利用すると、こちらの熱意を相手に伝えやすくなります。

たとえば、誰かに何かお願いをするときには、休日にきちんとした身なりで相手の家を訪ねるようにします。相手はおそらく、くつろいだ恰好《かっこう》をしているでしょうから、こちらの正装を見て一種の借りを感じるようになります。

また、**重要な交渉をするときには、約束の時間よりかなり前に行って待っているといい**でしょう。これらの心理的な「借り」が、結果によい影響を与えるものなのです。

24 ポケットに手を入れて話す男は、「嘘をついている」

嘘をつくと、それを隠そうとして髪や顔を何度も触ったり、指先で机をコンコンと叩いたり、無意識のうちに手が動いてしまうもの。ポケットに手を入れるのもまた、無意識に嘘を隠そうとしている証拠です。

嘘《うそ》をつくと、人間は瞬きの回数が増えます。目は心の内をあらわしやすいため、「嘘がバレないようにしなくては」という潜在的な気持ちが、瞬きの回数を増やすのです。

これと似たようなものに、嘘をつく際にポケットに手を入れる人がいます。女性はポケットに手を入れる習慣がないため、圧倒的に男性のパターンなのですが、手の動きで嘘がバレないか気にしているわけです。

というのは、人は嘘をつくときに、無意識に髪をいじったり、指先で机をコンコン叩いたり、鼻やあごを触ったりしがちです。

「私は表情を見れば、相手の嘘を見抜ける」と自慢する人もいますが、嘘をつく相手も、真剣な顔をしたり、笑顔をつくるなどして、一生懸命表情をつくろっているはずです。ということは、**意識を集中させている顔よりも、意識が留守になっている手の動きを見たほうが、相手の嘘は見破りやすい**かもしれません。

ですから、「実は君に話したいことがあるんだ……」などと真剣な顔をしたとたん、ポケットに手を入れたり、腕組みをして手の動きを封じたら、「もしかすると、これは嘘かもしれない」と予防線を張るといいでしょう。浮気を疑って追及したとたんにポケットに手を入れたら、かなり高い確率でその男性は浮気をしています。

また、あなたのことを上目づかいに見たときも要注意です。このようなしぐさをされると、見られたほうは「この人は自分に従おうとしている」と感じます。

アメリカのライス元国務長官は、このテクニックを実にさりげなく使っていたようです。彼女は政治学博士の称号を持つ切れ者ですが、そんな鋭さを隠すように、姿勢を低くして相手と目線を合わせるか、上目づかいに見ることがよくありました。騙《だま》すというと語弊があるかもしれませんが、少なくとも「見せたい自分」を演出しているとはいえるでしょう。

この他に、嘘をつく人の特徴として、**急に早口になる、いつもより口数が多くなる、同じことを何度も話す**などがあげられます。

早口になるのは、嘘を早く言い終えてしまいたい気持ちと、事前に何度も練習してきたため、考えずに話せるという両面があります。また、口数が多くなるのは、嘘をたくさんの言葉の中に隠してしまおうという魂胆からです。

そして何度も同じことを話すのは、説得力を持たせたいからです。物を壊した子どもは、親の追及に対して、「僕は知らないよ。知らないったら、全然知らないんだから」と何度も言ったりします。さらに、「そうか、知らないんだね」と念を押してもまだ、「そうなんだ、知らないんだ」と言います。これは、「知らない」というのを必死で親に信じてもらおうとしているからです。

「知らない」が真実なら、何度も言う必要はありませんね。

25 やたらにゆったりした動作は、相手に威圧されているから

お見合いの席やデートのときに、相手がやたらにゆったりした動きをとったら、それは威圧感を感じているからかもしれません。できるだけ緊張をほぐすような話をして、リラックスできる雰囲気をつくってあげましょう。

気持ちがあわただしいときには誰でも、それに連動して動きもバタバタとせわしなくなります。また、気持ちに余裕があると、ゆったりとした動作になるものです。ですから、相手が忙しそうにしていれば、「ああ、この人はいま心に余裕がないのだな」とわかりますし、逆にゆったりしていれば「落ち着いた状態にあるんだな」と理解できます。

しかし、この心理を逆に利用する人もいます。

たとえば、相手に動揺している心の内を見せたくない、知られたくないと考える人は、意識的にゆっくりした動作をします。そうして、相手に「私はいたって平静です

よ」とアピールしているのです。

お見合いの席やはじめてのデートで、相手がやたらにゆったりした動きをとっているのを感じたら、それはあなたに威圧感を感じているか、もしくは、極度の緊張状態を悟られないためにそうしているのでしょう。

中には緊張すると、動作がやたら大きくなったり、声が大きくなる人もいます。これは、緊張状態を無意識に解放しようとする心理メカニズムが働いた結果、表出するものです。**心の中に大きな不安があるため、言葉や動作を荒々しくすることで心のバランスを回復しようとしている**のです。

相手がこのような緊張状態にあることがわかったら、「お見合いって緊張しますね。私、さっきから喉が渇いてしかたないんです」と水を飲んだり、「僕、いまものすごくあがってしまって、手が汗でびっしょりなんです。おかしいですよね」というように、自分もあなたと同じように緊張しているんですよ、あなただけではありませんよ、というメッセージを送ってあげましょう。

そうすれば相手も、「なんだ、緊張しているのは自分だけではないんだ」とわかり、意図的なゆっくりした動きから解放されるはずです。

中には、相手の態度にイライラして、「いつもそんなにのんびりしているんですか?」「ずいぶんと大げさな人ですね」などと、批判めいた口調で問いかける人もいますが、それは余計に相手を緊張させるだけ。「あがっているのを悟られないようにしよう」と、ますます奇妙な態度をとるようになってしまいます。

26 夫婦ゲンカをするのは、本当に「仲の良い証拠」？

相手の悪口を言い合うのは、夫婦ゲンカの初期段階といえます。相手に対して親しみが薄れたり、憎しみを抱くようになると、お互いに「です・ます」を使うようになります。

ある調査によると、夫婦ゲンカをしたことのある夫婦の数は、全体の9割近くに及ぶそうです。また、その日のうちに仲直りしたという夫婦も8割近くいます。まさに「夫婦ゲンカはイヌも食わぬ」という言葉どおりで、ほとんどの夫婦はケンカをしながらも仲良くやっているものなのです。

ケンカをすると感情的になりますから、普段は絶対に口に出さないような言葉もつい口にしたりします。時には「出て行け！」と、どなってしまうこともあるでしょう。しかし、それでもなお夫婦関係が決定的に悪化しないのは不思議ですね。その理由として考えられるのは、**お互いに悪口をすぐに忘れてしまうから**ではないでしょうか。

人の心理には、同じような意味の言葉を繰り返されると感情にかかる負担が徐々に薄れていく傾向があります。最近ではずいぶん少なくなったようですが、カミナリオヤジといわれる激高しやすい父親や上司がいます。子どもや部下は些細《ささい》なことでどなり散らされているので、傍《はた》から見ていると気の毒に思えますが、怒られているほうは案外ケロッとしていることが多いようです。毎日のように怒られているため、あまり負担を感じなくなってしまったわけです。これと同じように、悪口も繰り返されると、単なる言葉と変わりがなくなってしまいます。最初は激しく傷ついていても、何度も繰り返されると、かえって忘れやすくなるのです。

夫婦関係が悪化しないもうひとつの理由は、悪口の言い合いやケンカは愛情確認が変化したものだからです。低迷し続ける景気や複雑な人間関係のため、現代人は日々厳しい緊張を強いられています。たとえどんな人でも緊張したままでは耐えきれませんから、夫婦ともにその緊張を解き放つことも必要になってきます。そのひとつの手段が、実は**相互の愛情の確認作業ともいえる夫婦ゲンカ**なのでしょう。「ケンカするほど仲が良い」という言葉がありますが、心理学的に見ても的を射ているといえるでしょう。

27 尻を叩いたほうがいい男、おだてたほうがいい男

「ブタもおだてりゃ木にのぼる」という言葉がありますが、「おだて」も、二度、三度と繰り返されると、いつの間にか真実に思えるようになり、自信さえ生まれるものです。

コロンビア大学の客員教授を務めたこともある心理学者の相場《あいば》均《ひとし》氏が、昭和35年にこんな心理実験を行なっています。日米安保条約に反対してデモに参加した人たちに、次のような内容の文章を読んで聞かせました。

「岸首相（当時）は最も優れた日本人といっていいでしょう。安保条約は速やかに締結されるべきものだと思います。なぜならば、それは共産主義の進出を食い止めるために最も有力だからです」

当然、「なにをバカなことを言っているんだ」と一度目は笑う人が多かったのでした。ところが、同じ人たちの前でもう一度この文章を読んで聞かせたところ、彼らの

態度が一度目とは若干違ってきたのです。賛成したわけではありませんが、当初のバカにしたような表情は明らかに違ったそうです。

つまり、**同じ言葉を二度、三度と繰り返し聞かされていると、たとえそれが自分の考えと正反対のものであったとしても、人は次第に信じ込んでしまう**可能性があるということ。同じ刺激を繰り返し受けていると、その刺激が意識の中に暗示として残り、自分でも意識しないうちに思考を支配するようになってしまうのでしょう。このような心理メカニズムを応用すると、相手を自分の思いどおりに操ることができます。

たとえば、あなたの配偶者が自分に自信の持てない弱気な夫だったとしましょう。それでは将来にも悪影響が及びますから、なんとかしたいところです。そんなときはどこか一点を繰り返し褒め続け、本人に「自分にも他人にひけをとらない長所があるのだ」と思わせるようにします。たとえば、「抜群の粘り強さを持っているじゃない。そばで見ていて、惚《ほ》れ惚れしてしまうわ」といった具合です。

最初のうちはお世辞やおだてと思って真に受けないかもしれませんが、何度も同じことを繰り返していると、本人も「自分には才能がある」と思い込み、仕事全般に自信を持つようになります。

ただし、褒め言葉が必ずしも良い結果を出すわけではありません。褒め言葉の心地よさに酔って、必要以上に自信をつけてしまい、「自分は優れているから、努力しなくてもいいんだ」と、逆に何もしなくなってしまう人もいます。そんなタイプの人には褒め続けることが害になりますから、しっかりと尻を叩《たた》くほうがいいでしょう。厳しい言葉をかけられることで、ハッと目が覚めて、成長する人もいるのです。

人を育てる際に大切なのは、アメとムチの使い分け。褒めすぎてつけあがったら尻を叩き、叩きすぎて落ち込んだらまた褒めてモチベーションを上げさせてください。

28

「ダンナの浮気が心配で……」とこぼす奥さんの本音

嫉妬はとても強い感情で、アメリカでは殺人動機の第3位に位置しています。しかし、嫉妬のように聞こえる愚痴が、そうでないこともあるのです。

「ウチのダンナは毎晩午前様。本人は仕事とか接待とか言ってるけど、本当は浮気してるんじゃないかしらって思うことがあるのよね。だから心配で」。このように、友人から愚痴とも相談ともとれるような話を聞かされることがあります。傍目《はため》からは幸せそうに暮らしている奥さんが、こんなふうに話すのには2つの理由が考えられます。

ひとつは、ご主人が自分を顧みてくれないことに対する嫉妬心です。男性は、「嫉妬」という言葉を聞いただけでゾッとするかもしれませんが、女性は嫉妬を愛情の一種と考える傾向があります。つまり、ご主人に対して強い愛情を感じているという裏返しなのです。ただし、中には何の根拠もなく配偶者を、「浮気しているに違いない」と考える嫉妬妄想者もいます。

もうひとつは、ある意味で悪質です。**自分の夫がいかに大切な仕事を任されているか、いかに女性にモテるかという、自慢やうぬぼれを伝えようとしています。**つまり、この場合は「私の夫は魅力にあふれた男性だ」という自慢でしかありません。これを相談だと思い込んで「あの人はそれほど女性にモテないから、心配ないわよ」などと言うと、急に機嫌を悪くします。

これと同じように、「私は頭が悪いから、なかなか仕事がはかどらない」「片づけが下手なので家がゴチャゴチャなの」などと自分のことを口にする心理にも、言葉とは裏腹に自己主張が隠されている場合が多いので、注意が必要です。

つまり、「私は頭が悪いから、なかなか仕事がはかどらない」と言いながら、その実は「私は誰よりも頭がよく、慎重だ」と考えているわけです。そして、自分の発言を誰かに「そんなことないよ」「とんでもない！　私のほうがよほど片づけが下手」などと**否定してもらいたいという強烈な自負心を持っています。**

日本人は昔から、自慢や自己主張を露骨に表現するのは、はしたないと考えてきました。そのため、このように感情を歪曲《わいきょく》して表現することが多いのです。

29 子どもを傷つける親は、「自己保存の欲求」が強すぎる

躾《しつけ》のため、子どもを叱るのはやむを得ないでしょう。しかし、叱るときに悪口は避けるべきです。子どもを傷つける言葉を吐くのは、慢性的な欲求不満を抱えているからかもしれません。

夫婦の関係が心理的に大きく変化するきっかけがあります。それは、子どもの誕生です。子どもが生まれると、夫婦は次の2つのタイプに分かれます。

①配偶者の呼び方が変わる夫婦

それまで名前やあだ名で呼び合っていた夫婦が、お互いのことを「パパ」「ママ」などと呼ぶようになります。これは、子どもの立場からお互いを見ていることをあらわし、**子ども中心の典型的な家族**といっていいでしょう。

②配偶者の呼び方が変わらない夫婦

呼び方を変えない場合、子どもの立場に立っていないことになります。だからといって、子どもを愛していないわけではありません。このタイプの夫婦は、**お互いの心理的距離が安定している**ので呼び方を変えないだけ。つまり、子どもが生まれても初々《ういうい》しい関係が続くと考えていいでしょう。

ところで、子どもに対して、「お前は母さんに似て太ってるな」「この子はお父さんに似て、目が小さいわ」のように、体型や顔について批判する親がいます。これは、子どもに与える心理的影響が大きいと同時に、批判する親自身も問題を抱えていると考えられます。

人間は、生まれつき肉体的・精神的に自己保存の欲求を持っています。幼いころから誰かに負け惜しみを言ったり、嫉妬するのは、この自己保存の欲求によるものです。実は、この欲求がうまく抑制されている人でも、自尊心を激しく傷つけられると、不満を解消しようとして反社会的兆候を示します。ドメスティックバイオレンスもその兆候のひとつです。このような行動をとることによって精神的な自己保存の欲求を満たしているのです。

つまり、子どもの身体的特徴について批判する親も、自分の慢性的な欲求不満を弱者の子どもを批判することで解消しようとしているわけです。

無力な子どもとしては、こんな批判を聞かされるのは耐え難い苦痛なので、深い心の傷を作ります。欲求不満は別な方法で解消すべきでしょう。

また、自分では気づかないうちにストレスをため込んで、子どもを必要以上に罵《ののし》ったり叩いたりする人もいます。この場合も、原因を生み出しているのは子どもではなく、自分自身であるケースも多いのです。子どもに対する日頃の言動を一度見直すといいかもしれません。

30

妻の態度が〝卑屈なほど〟丁寧になったら要注意

定年退職は、非常に大きなストレスとなります。それと同時に離婚を言い出されたら、ストレスレベルはほぼMAXに上昇するでしょう。

「ウチのカミさんには隠し事がいっさいできないんだ。まるで千里眼でも持っているみたいだよ」

居酒屋でこんな愚痴をこぼす人がいます。女性が男性よりも相手の気持ちを読み取るのが得意だということは心理学的にも証明されています。しかし、それは千里眼を持っているからではありません。**女性は男性に比べて「符合解読能力」が高い**のです。

符合解読能力とは、無意識のうちにあらわれる表情や声のトーンの変化を読み取る能力のこと。女性が嘘《うそ》や浮気を見破るのがうまいといわれるのはそのためです。

最近、夫が定年退職を迎えると同時に離婚する夫婦が増えています。いわゆる「熟年離婚」ですが、奥さんのほうから離婚請求をするケースがほとんどで、夫のほうは

「寝耳に水」で唖然《あぜん》としているそうです。

長年、仕事だけに没頭してきた男性が定年を迎えると、「これまでたいへんだったんだから、これからはのんびりするぞ」と家庭内でふんぞり返ったりします。しかし、妻としては、「あなたは定年があるからいいわよ、主婦には定年がないの? 自分だけ頑張ってきたみたいに言わないでほしいわ」と、非難の声を浴びせます。さらに、仕事ばかりしてきた人は、仕事がなくなると何をしたらいいかわからず、膨大な自由時間を持てあまし、ストレスを抱えがちです。

そんな夫に妻もイライラ。ついには熟年離婚、などといった最悪の事態が起きるのです。定年退職だけでも大きな変化なのに、さらに妻から三行半《みくだりはん》を叩《たた》きつけられたら、そのストレスたるや量り知れません。人によっては心の病気になってしまうかもしれません。そして、こう言うのです。「定年がきっかけでこんなことになるなんて、ひどすぎるじゃないか」と。

でも、多くの場合、奥さんが離婚を考え始めたのは、実は昨日今日のことではなく、定年退職はあくまでもきっかけのひとつでしかありません。中には何年も前から着々と計画を進めていた奥さんもいるそうですから、何らかの変化はあったはずです。男性にはそれが理解できないため、突然別れを切り出されたように感じてしまいます。つまり心の準備ができる前に別れが訪れるため、大いに未練が残るようになるわけです。

こうなるのは、符号解読能力が不足している夫にも責任があるといっていいでしょう。このような不幸がないように、普段から相手の感情を表情から読み取れるように努力しましょう。

ただし、人間は自分の感情を隠したり無表情を装うこともあります。そんなときは次のような点に注意して、感情を読み取るようにしましょう。

たとえば、こちらが話しているのにそっぽを向いたり、顔は向けているが目の焦点が合ってない場合があります。「話を聞く気がないのか！」と怒りたくなるでしょうが、これが好意や愛情の表現というケースもあるのです。

とくに女性の場合は「露骨に好意を表現するのは、はしたない行為」とする社会通念に縛られていると、まったく逆の表情を浮かべるようになります。**好意を寄せている女性にそっぽを向かれたら、ほとんどの男性はガッカリするでしょうが、心配するには及ばない**ケースもあるのです。

同様に、感情と逆の表情を見せることも珍しくありません。たとえば、強い敵意を抱いている相手に対し、ニコニコと愛想よく振る舞う場合があります。これは、自分が抱いている欲求をそのまま表に出すのは反社会的なことで、そんなことをしたら、みんなから非難されるに違いないと判断したために起こる現象です。

夫婦ゲンカでも、**お互いの不満や怒りが強くなりすぎると、不快な表情は消えてしまい、ものわかりのよさそうな笑顔を浮かべ、態度全体が卑屈なほど丁寧になります。**家庭裁判所の調停委員は、夫婦どちらかにこうした態度があらわれたときは、不和の根が深いと判断するそうです。

31 「サド・マゾ関係」の夫婦は、うまくいっている

サディズムはマルキ・ド・サド侯爵の名前に由来しています。マゾヒズムは被虐的体験を題材にした作家ザッヘル・マゾッホにちなみます。けれども、両氏がサド・マゾの性癖を持っていたわけではありません。

性欲というのは、人間の基本的な欲求です。異性に対してどんな感じ方、考え方を持っているか、その人の異性観を知ることは性格、無意識の欲求、コンプレックスなどを知るうえで、とても重要な手がかりになります。そのためにまず着目したいのは、異性の好みや結婚相手を決めるときの選び方です。30ページでも紹介しましたが、人は異性の中に自分の持っていないものを求める傾向（相補性）があります。しかし、中にはこの原則が当てはまらないケースがあるのです。

男っぽい男性は一般的に女らしい女性を求めますが、男勝りの女性の場合は、原則どおり女性的な男性を求めるケースと、自分をしのぐ超男性的な男性を求めるケース

に二極化します。また、背のあまり高くない男性が自分よりさらに背の低い人を好むケースもあります。この場合、その男性に背の低さに対する強いコンプレックスがあると見て間違いありません。しかし、このように**相補性でない関係の男女は些細《ささい》なことがきっかけで相手が「鼻につく」ようになるなど、関係の安定性に欠けるところがあるよう**です。

その点で考えると、他人に肉体的・精神的苦痛を与えることで性的快感や満足感を得るサディズムと、他人から肉体的・精神的苦痛を与えられることで性的快感や満足感を得るマゾヒズムは相補性を持っています。しかも、本質的な部分において共通の性癖を持っているともいえ、とても安定した関係と思われます。

サディズム傾向があり支配欲の強い男性が、どんな命令に対しても従順に従う人形タイプの女性を好み、マゾヒズム傾向を持つ男性が強い女性を好むのは当然ともいえ、しかもふたりはとても強い絆で結ばれる可能性が高いわけです。

ちなみにフロイトは、**幼児期に母親の乳首を噛《か》んだり、親の命令に反抗して排便を行なったり我慢したことへの快感が、成人になってサディズムとしてあらわれる**と語っています。

32 「浮気している」と公言するダンナの強かな作戦

「オレは泥棒だ」と人前で言っても意外と信用されません。なぜなら、不利になることを自分で言うはずがない、という心理が働いているためです。

深夜、あなたが酔って帰宅したとしましょう。ワイシャツを脱いで奥さんに渡すと「何、これ！」と鋭い声が。よく見ると、カラーに真っ赤な口紅が付いているではありませんか。こんなとき、あなたはなんと答えるでしょうか。

「いや、あの……」などとシドロモドロになれば、浮気をしてきましたと白状したのも同然です。「終電が混んでたから、そのときに付いたんだろう」ととぼけても、奥さんはそう簡単に納得しないはずです。もし、家庭争議を望まないなら、ニヤニヤしながら「実は、浮気してきたんだよ。オレはモテるからな」と笑うといいでしょう。

それでは火に油を注ぐようなものでは……と思うかもしれませんが、人には**「自分**

の不利になることを自分から言うはずがない」という思い込みがあり、この逆を考えようとする傾向があります。そのため、浮気を自分から認めてしまうと「まさか」という気持ちが生まれ、「きっと、電車の中ででも付いたのね」と勝手に理由を考えてひとりで納得してくれるのです。

嘘《うそ》をつけば、すぐに化けの皮は剥がれてしまいますが、逆を装うと簡単には見破られないというわけですね。

では、浮気がバレて「出て行くわ！」と言われたときにはどうすればいいのでしょうか。これも意外に思われるかもしれませんが、「そうだね、出て行ったほうがキミのためになるかもしれないね」と対応するのです。

これはカウンセリングでもよく使われるテクニックです。離婚の相談に来た人は心のどこかで、「本当は別れないほうがいい」「死んだつもりになれば何でもできる」と言ってくれるものと思い込んでいます。そして、そう言われたら、自分の配偶者がいかにひどい人間かをまくしたてるのです。

ところがカウンセラーは意に反して、「そんなに悪い配偶者なら、一刻も早く別れてしまいなさい。そんな人と一緒にいたら自分までダメになってしまいます。別れたほうがあなたのためです」と言うわけですから、当初の期待はまったくの肩すかしに終わってしまいます。すると今度は逆に、「そこまで悪い人では……」と、配偶者の弁護を始める人さえいます。

このように、**かたくなに何かを思い込んでいる人は、周囲のコンセンサス（合意）に反した行動をとろうとする**傾向があります。自分の意思が周囲の人や、世間の常識に反していると思えば思うほど、その人は防御の壁を厚くして、心を閉ざしてしまいます。

つまり「出て行く！」と宣言しても、奥さんの心の底には「止めるにきまってるわ」「出て行かないでと懇願するはず」という気持ちがあります。そして、「そう言われたら『冗談じゃない。もう我慢できないわ！』と言ってやるつもり」と考えています。

ところが「そうだね」と肯定されてしまうと、その計画がすべて崩れてしまうので、「なにも出て行くほどのことはないかもしれないわね」と考え直してくれる可能性が高いのです。

逆に、配偶者と別れたいと思っているのに、適当な理由が見つからないときにはどうすればいいでしょうか。これも簡単です。就寝中に相手のまぶたがピクピク動き始めたときに揺り動かして起こし、用事を頼むだけでいいのです。

この方法はスパイを自白させるためにも使われているテクニックで、これを続けると、どんなに訓練されたスパイでも精神的なバランスを失い、自白してしまうといいます。

睡眠中にまぶたをピクピクさせるのはレム睡眠中ということ。このとき脳は覚醒しているときと同じように活動しており、たいていは夢を見ています。実は、この夢が人間にとっては非常に重要な働きを持っています。私たちは、**日々のストレスを夢の中でよみがえらせて、そのストレスに耐え得る精神力を養っている**のです。そのため、レム睡眠を邪魔され続けると、ストレスに弱くなっていくわけです。

配偶者のまぶたがピクピク動き始めるたびに、揺り動かして用事を頼むということを1か月も続ければ、相手はまいってしまい、簡単に別れる口実ができるはずです。ただし、睡眠不足であなたのほうが先にダウンする可能性のほうが高いため、おすすめはできませんが。

33 話をよく聞く夫は、無理な願いを「聞き入れてもらう」準備をしている

こちらの願いを聞いてほしいときだけ、猫なで声で迫ってもうまくいくわけがありません。普段から相手に優しく接するのが成功の秘訣です。

たとえば、新しい車が欲しくなったとしましょう。

しかし、給料は増えるどころか減る一方ですし、子どもにも年々お金がかかります。こんな状況で「そろそろ車を買い換えたいんだけど……」と奥さんに言ったところで、首を縦に振ってもらうのはまず無理でしょう。では、あきらめるしかない？　いや、何かいい方法があるはずです。

実は、相手の反対や拒絶をひるがえさせて同意を得たい場合の手段として、論理的方法と心理的方法があります。

たとえば、「新しい車はすごく燃費がいいんだ。だから、ガソリン代も安くなるだろう。つまり、家計にもあまり負担がかからなくなるんだから、買い換えてもいいだ

ろう?」と、理づめで相手を屈伏させようとするのが論理的方法です。しかし、この方法は「買い換えなければ、家計に負担はかからないじゃない」などと反論され、説得に失敗する可能性が高くなります。

そこで利用したいのが心理的方法です。最も初歩的なテクニックは、**相手の話に同意してみせる**こと。心理学では「**容認**」といわれるもので、治療面接にも使われます。この方法では、相手の主張や言葉、態度、感情、信念がどんなに非論理的、非道徳的だとしても、それをいったんすべて受け入れてしまいます。

あなたが新しい車が欲しいなら、「車を買い換えたいんだけど」と相談するしばらく前から、相手の言うことを否定せず、「そうだね」「よくわかるよ」「なるほどね」と言って同意するよう心がけるのです。そうすると、相手は「敬意を払われている」「評価されている」という感情を持って安心します。そのため、こちらの主張を受け入れやすい心理状態になるのです。

しかし、これが作戦だと相手に悟られては元も子もありません。あくまでさりげなく、自然にできるよう心がけましょう。そして同時に真剣さも大切。同調する際は相手の目をしっかりと見て、耳だけでなく心と体を傾けて聞かなくてはいけません。頼みごとのときだけ猫なで声を出してもダメなのと同じで、「容認」も、本気でやらなければ効果は見込めないでしょう。

「容認」が効果的なことは、アメリカの心理学者ポール・エクマンが行なった次のような実験によって証明されています。

エクマンは死刑制度に反対する学生に対し、終始一貫「よろしい」「確かに」という肯定の言葉を反復使用して対応しました。その結果、再び死刑制度について意見を求めると、彼らの多くが意見を変え、死刑制度に賛成したのです。死刑という人の命に関わる意見さえ変えることができたのですから、車の1台くらい、うまくいくのではないでしょうか。

もうひとつ、心理的方法を紹介しておきましょう。それは、**相手の頭の中で一種のロールプレイング（役割演技）をさせる**ことによって、説得するためのヒントを得ようとするテクニックです。相手にゲタを預けると、相手は自分自身の立場に立って物事を考えます。そこから、説得するためのヒントを自ら教えてくれるというわけです。

具体的には、「車を買い換えたいと思っているんだけど、もしボクの立場だったらどう思う?」という言い方をします。あるいは一般論に置き換えて、「こういう場合、みんならどうすると思う？」と聞いてみるといいでしょう。**答えの中には必ず自分自身の意見が投影されていますから、説得するための有力な材料が発見できる**はずです。

あるアメリカ人男性は、幼いころからウエストポイント（陸軍士官学校）へ入ることだけを夢見ていたそうです。ところが、高校を卒業した年が運悪く1929年の世界大恐慌でした。そのため、教育費が無料ですむウエストポイントに志願者が殺到。有力者のコネがなければ入学できないという事態になりましたが、彼にはコネなどありませんでした。

そこで彼は州の有力者たちを訪ね、「もし、あなたが僕の立場におられたとして、ウエストポイント志望の優秀な若者だったらどうなさいますか？」と聞きました。すると、彼らはこぞって推薦状を書いてくれたばかりか、積極的に彼を支持してくれたため、陸軍に入隊してからもスピード出世を果たしたそうです。

人は誰でも、他人のことよりも自分のことに関心を持っています。だから、「もし」という言葉を使って相手を自分のこととして参加させてしまえば、より関心を持ってくれ、説得しやすくなるのです。

34 会話の途中に目を閉じたら、「怒りが爆発する」寸前

日常会話に抽象的な言葉を多用すると、聞いている人をイライラさせます。人間関係が上手くいかない人は、そんなところに原因があるのかもしれません。

夫婦ゲンカの原因を後から冷静になって考えてみると、ほとんど些細なことでしょう。時には、なぜケンカになったのかわからない場合もあるはずです。しかし、知らぬ間に相手を怒らせる言葉を口にしていたのかもしれません。

アメリカの児童心理学者H・G・ジノットが、ある母親グループに「朝食作りに電話、子どもの泣き声――こんな朝のいちばん忙しいときに、旦那さんがあくびをしながらキッチンに入って来て、次の3つの言葉を言ったとしたら、あなたはどの言葉に最も激しい怒りを感じますか?」と質問しました。その言葉とは次の3つです。

①どうしたんだ！　キミはいつになったらトーストが焼けるようになるんだ。
②赤ん坊、電話、それにトーストか。キミも朝はたいへんだな。
③教えてあげようか。トーストはこうして焼くんだよ。

母親グループが最も怒りを感じると答えたのは、①と③でした。

人は自尊心を傷つけられると怒りを感じますが、これは①の言葉に対する反応に当てはまります。それに対し、③の言葉に向けられた怒りは、外部からの干渉によるものです。俗に言う「余計なおせっかい」は、相手の感情を想像以上に傷つけ、怒らせることになります。

しかし、おせっかいを焼いたほうは「相手のため」と思っていて、なぜ相手が怒り出したのか、その理由も怒りのレベルも、わからなかったりします。

そこで、相手の言動によって、怒りのレベルを見分けるポイントを紹介しましょう。

◇怒りレベル1　怒りの原因に対してすぐ、「どうしてそういうことを言うの？」「なんでそんなことをするんだ？」と冷静に言います。このレベルは怒りというより、自分の正義や社会の常識とすり合わせて「それはおかしい。改善すべきだ」と、**相手に注意を促している段階**です。ゆえに、「悪かった」「申し訳ない。気をつけるよ」と素直な反省の態度がすぐに見られれば、怒りは続かないでしょう。

◇**怒りレベル2**　怒りの原因が起きたとき、すぐに声を出さずに、目を閉じる、深く息を吸い込んでゆっくり吐き出すなどしてから、落ち着いた声で相手に注意を促します。最初に目を閉じたり深呼吸するのは、自分の胸の中に湧き上がった怒りを、理性によって鎮める行動。**声が落ち着いているのは、爆発しそうな感情を懸命に抑え込んでいるから**です。そのため、「あ、ごめん、ごめん」「もう、そんな怖い顔しないでよ～」といった軽い謝罪をすると、「ふざけるな！」と怒りを増幅させてしまいます。

◇**怒りレベル3**　怒りの原因が起きたとき、さっと表情が変わって、「はぁ？」「何それ？」と相手をにらみつけます。言われたほうも、「あ、この人怒ったな」とはっきりわかります。このレベルにくると、**怒りを理性で抑えきれなくなっています**。すぐに謝っても、「じゃあ、なんでそんなこと言ったの？」「どうして○○したんだ！」と追い打ちをかけるように怒りをぶつけてきます。ここまでくると、一度や二度の謝罪ではすみません。何度も重ねて謝らないと、相手の怒りはおさまらないでしょう。

◇怒りレベル4　怒りの原因を起こした人に対し、「ふざけるな！」「バカにするな！」などと、強い口調で詰め寄ります。人によっては、相手に殴りかかる、物を投げつけるなどの行動に出る場合もあるでしょう。また、自分の持っていた荷物を床に叩《たた》きつけて無言で部屋を出て行く、部屋を出るときにうしろ手で思いきりドアを閉めるなどの行動を起こすこともあります。

この怒りレベルでは、すぐに謝罪しても意味をなしません。焼け石に水でしょう。そこで、少なくとも1時間くらいは間をおいて、相手が少し冷静さを取り戻してから謝罪します。ただし、いったんはおさまったように見える怒りも、胸の中ではまだまだくすぶっているため、**ちょっとしたきっかけで前よりさらに激しく燃え上がる危険性があります**。その後も言動には十分に注意して、平身低頭して詫《わ》びなければ関係は修復できないでしょう。

第３章　周囲との関係

お互いに心を開いた人との関係は、気軽で楽しいもの。親しい間になると、冗談を言ったり、遠慮のない会話ができます。でも、ちょっとしたことから、せっかくの関係が崩れてしまう場合もあります。親しくなるにつれて、いつの間にか気づかいや思いやりを忘れがちになるからです。それは危険信号かもしれません。この章では、大切な人とのコミュニケーションのとり方や心のつかみ方を心理学的に説明します。

1 初対面で不快をあらわにする人の「本当の気持ち」

「あの人は私を嫌っている」と、口に出して言う人がいます。しかし実際に嫌っているのは自分のほうであることが多く、相手に対して嫌悪感や反感を持っていると考えていいでしょう。

どんなに親しい友人でも、初対面のときがあったはず。彼（彼女）と親友になれたのは、おそらくそのときに好印象を持ったからでしょう。なぜなら、人が複数の情報に基づいて第三者の印象を形成する場合、最初に得た情報がとくに強く影響するからです。こうした心理を「**初頭効果**」と呼びます。初対面のときに相手から得た第一印象が大切なのは、この初頭効果が強力だからです。

私の経験でも、依頼された講演などの時間が変更になったのに、もとの時間のほうが頭にしっかり残っていたために変更後の時間を思い出せず、問い合わせ直したことがあります。単なる物忘れともいえますが、最初に言われた時間がいつまでも記憶に残っているという点で、これもある種の「初頭効果」といえるでしょう。

たとえば、第一印象がよかった人が約束の時間に遅刻してきた場合、「きっと、やむを得ない事情があったんだろう」などと、相手に有利な解釈をしてマイナス評価を与えない傾向があります。逆に、第一印象が悪かった人が遅刻をすると、「時間も守れないなんて、とんでもない！　思ったとおりダメ人間だった」と悪い印象はさらに強化されてしまいます。つまり、第一印象で「好きになれそうにない」といった悪い印象を相手に持たれてしまうと、これを逆転するのはかなり難しいということ。

しかし、初対面の人にいきなり好感を持たれることも、それほど多くはないでしょう。では、印象を好転させるにはどうすればいいのでしょうか。

話し始めてすぐに相手が不快とか拒否の色をあらわしたときに、その場で**「あなたが反感を持った原因は私にある」とはっきり表明する**方法があります。たとえば、「私の言い方が悪かったばかりに、不快感を与えてしまったようです。しかし、あなたとの関係がこれで終わりになるのは残念でなりません。もう一度会っていただけませんか」といった具合に責任の所在を明らかにします。こうしておけば、こちらの真意を多少でも相手に伝えられ、もう一度チャンスをもらえることにもなります。

ただし、相手に「あの人はいつも同じ方法を使っているのだろう」と見すかされてしまったら逆効果になるので、とにかく誠実に自分の思いを伝えることが大切です。

とはいえ、これから人間関係を築いていこうという初対面のシーンで、不快そうな態度をとられたら、こちらとしても快くはありません。では、相手はどうしてそのような態度を取ったのでしょうか。何か魂胆があるのでしょうか。

これにはいくつかの原因が考えられますが、相手が極度に緊張している場合に不機嫌そうに見えることがあります。また、警戒心が強い人は、初対面の相手に対して多少攻撃的ともとれる対応をする場合があります。攻撃は最大の防御といったところでしょうか。また、こちらの話を理解しにくい場合も、必死に考えるため表情が険しくなる人もいます。

つまり**「ムッとしている＝こちらに悪意を抱いている」というわけではない**のです。だからこそ、初対面の相手の対応が悪いからといって、「あの人はどうも好きになれない」と思い込まず、「前回はうまくコミュニケーションがとれなかったけれど、今度はどうかな？」という気持ちで臨みましょう。「初対面のときはひどかったけれど、二度目に話したら案外いい人だった」ということは、けっして珍しくないのですから。

2

「行列の店に並ぶ」人は、協調タイプ

日本人は行列好きといわれます。モノ不足の時代でもないのに、相変わらずあちこちで行列を見かけます。でも、並ばない人もいるようです。

たとえば、話題の商品の発売日ともなると、前の晩から店の前に徹夜で並んでいる人たちの様子がニュースになることがあります。

どうしても生活に欠かせない品とはいえないし、1か月も待てば並ばなくても簡単に手に入るようになることも、みんなわかっています。それなのに、やっぱり並んでしまう。これは、「徹夜で行列をして、発売日に手に入れた」という満足感と群集心理によるものです。

人には、他人がやっていることが気になる習性があります。しかも、やっている人の数が多くなるほど、その気持ちは大きくなっていきます。そして、ついには吸い寄せられるようにして列に入り込んでしまうのです。

これが**群集心理**というものですが、ベストセラー商品や大人気といわれる店舗にも、多分にこの心理が働いています。

大人気といわれる店の料理を実際に食べて「そんなに美味しいかなあ?」と思っても、「これだけ待たされたんだ」という気持ちが働いて、「うまい!」と思い込んでしまう現象は案外よく起こるものです。

ここで質問です。テレビなどでよく紹介されている評判の牛丼屋さんにやってきました。でも、順番待ちが長く続く大混雑。とても昼休みの間には食べられないでしょう。でも、3軒隣にはガラガラで、すぐ座れそうな別の牛丼屋さんがあります。こんなとき、どうしますか? この答えによって、その人の性格が浮かんできます。

①そのまま行列に並ぶ

人づき合いが上手で、協調性があります。ただし、周囲の価値観に影響されやすく、なんとなく引きずられる面がありそうです。

②すいている店に入る

「とりあえず昼飯にありつければいいから」といった、さっぱりした考え方の人。もちろん、せっかちな面もあるのでしょう。

③どちらの店にも入らない

「行列に並ぶのはイヤ。でも、すいているのは、不味《まず》い店なんだろう。よその店を探してみよう」というように、自分だけの価値観を崩さない人です。

③ 他人の話に割り込みたがる人は、かなりのくせ者

子どもがとっておきの知識をひけらかすと、「そんなこと、僕も知ってるよ」と言う子がいます。この対応は、自分の能力を高く見せるために利用できます。

日本人は謙虚さを美徳とする傾向がありますが、合コンやパーティなどで注目を集めるためには、遠慮してばかりはいられません。もちろん、「私が、私が」と人をかき分けて前に出て行くのはあさましい感じがしますが、タイミングを見計らい、自分のセールスポイントや能力の高さをさりげなくアピールしたいものです。

しかし、そう考えるのは自分だけではありません。他の参加者も自己アピールするタイミングを虎視《こし》眈々《たんたん》と狙っているのです。

たとえば、友人が面白い体験談を披露して注目されています。しかし、あなたは面白くありません。なぜなら、それはいつかあなたが友人に話した体験談だったからで

す。

こんなときは「自分の体験談を盗むな！」と、全員の前で指摘してやりたい衝動に駆られるでしょうが、証拠がありませんし、「自分の話なら、さっさとすればよかったじゃないか」とはねつけられてしまえばそれまでです。それどころか、みんなから「大人げない」と言われるのがオチでしょう。

とはいうものの、このまま泣き寝入りするのは悔しい。そこでおすすめしたいのが次の方法です。

まず、「その話、オレも知ってるよ！」と相手の話をさえぎります。相手には、あなたの体験談を盗んだという引け目がありますから、睨《にら》みはするでしょうが「お前は黙ってろよ！」とまでは言わないはずです。それから、ニヤリと笑みを浮かべた後に「それで、○○なんだよな」と、**自分で続けてオチまで話してしまう**のです。こうすれば、奪われそうになった話を取り戻せるというわけです。

この会話テクニックは仕事にも使えます。たとえば企画会議で、ライバルから「全自動自走式の掃除機を開発してはどうか」という意見が出たら、「実は私も同じことを考えておりまして、全自動自走式にするだけではなく、しゃべるというのはどうでしょうか。そうすれば、ペット的な役割を果たすこともできるはずです」などと提案します。すると、**ライバルのアイデアにちょっと味付けしただけにもかかわらず、全体が自分の考えになってしまいます**。

ただしアイデアを奪った場合、当然のことながらライバルの反発を受けるのは覚悟してください。また、自分の話を取り戻すのとは違い、アイデアを聞いて即座にアレンジを思いつかなければならないので、それなりの才能も必要になるでしょう。

4 口癖にあらわれる、その人の「本性」

京都弁は丁寧で美しいといわれますが、それは排他性の強い土地柄だからかもしれません。丁寧な言葉は、他所《よそ》の人となじみたくないという気持ちのあらわれとも考えられます。

初対面の人と話をしていると、はじめは緊張して丁寧な話し方をしていても、緊張がほぐれてくると、その人本来の口癖が出てくるものです。言葉づかいは、その人の情報を得るための重要な鍵になります。

言葉は自己表現の手段ですが、表面には出さない深層心理が知らず知らずのうちに反映されています。**とくに、意識していない話し方にこそ、その人自身の気持ちがあらわれます**。言葉遣いや口癖から、相手を知るポイントは5つあります。それぞれについて説明していきましょう。

①人称語——自分に対する意識があらわれる

かなりの年齢になっても、自分のことを「僕」と言う人がいます。育ちのよさや、成人してからあまり世俗とのかかわりを持たなかったことをあらわしています。研究者などによく見られるタイプです。

それほど必要がないのに、会話の中に「オレ」や「私」を入れたがる人は、**自信家で自我が強く、自己顕示欲の強い性格**といえるでしょう。その言葉の裏には、「それは『私』が最初にやったこと」というニュアンスが含まれているのです。

これに対し「私たち」「僕たち」など複数形の人称語を使いたがるのは、付和雷同型ともいえます。集団でなければ何もできない人が多いようです。

②借用語——他人の言葉に自分の心を隠したがる

他人の言葉を借りたがるのは、自分以上の人、自分以外の人になりたい思いが強いのかもしれません。心の中に「トラの威を借るキツネ」的な権威主義を持っています。

また、話の中に難解な四字熟語や外国語がたくさん出てくる人は、**自分の心の弱点を守る盾のかわりに言葉を使っている**と考えていいでしょう。

このタイプは、話を聞いている人に深く突っ込まれたくないと考えているため、話の内容についてあまり深く追及しないほうがいいでしょう。

女性には「ママがこう言った」のように、母親の言葉を借りる人がときどきいますが、精神的な乳離れができていないと思われます。

③人間関係語——他人との関係におけるその人の意識があらわれる

日本人にとって社会生活を円滑にするうえで、敬語の存在はとても重要です。しかし、わざと不自然な敬語が使われたときは、その人の心理に何らかの抑圧が隠されていると見て間違いありません。たとえば、気のおけない人間関係には敬語は必要ないはずですが、親密な関係でも、突然、敬語が使われることがあります。そんな場合は、相手が不機嫌になっている可能性があります。それどころか、**過度の敬語は激しい嫉妬・敵意・軽蔑・警戒心のあらわれ**であることさえあります。

京都は世界的な観光地ですが、京都の人はなかなか他所の人となじまず、冷たい印象を与えるといわれます。これも、京都人がよそ者に対する言葉遣いが丁寧なことと関係しているのでしょう。

これとは逆に、意図的にぞんざいな言葉を使う人がいます。これは相手の懐に飛び込み、優位に立ちたいという気持ちのあらわれとも考えられ、こちらも注意が必要です。

④深層心理語——セックスなどのコンプレックスがあらわれる

セックス用語を口にすると、びっくりするほど激しい嫌悪感を示す人がいます。その人は、**実は異常に強い性的関心を抱いていて、反動としてそんな態度をとった**とも考えられます。

セックス用語を口にするときは、ある程度のためらいがあるものです。しかし、中にはあっけらかんと言う人もいます。これは深層心理の中に性的コンプレックスがあるケースが多いようです。

⑤思考語——接続詞の使い方など、その人の思考形態があらわれる

英語の接続詞「AND」にあたるのが「と」「そして」「それに」などですが、こうした言葉を多用する人は、思考にまとまりがありません。同じ接続詞でも、「BUT」

にあたる**「しかし」「しかしながら」が多い人は、逆に思考力の高い人と考えていい**でしょう。

このタイプは、自説を語っている間にその説を点検し、それに対する反論が浮かんできているのです。議論や交渉に強いタイプなので、敵に回すと厄介です。

「やっぱり」「ね」などを多用する人は、強引に相手を自分の話に引き込もうとしているので、そのペースに巻き込まれないようにしましょう。

5 脚をきちんとそろえて座る人は、「人見知りする」

ライオンは一日の大部分を寝そべって過ごし、その餌になるシマウマは、いつも神経をとがらせています。人間も、深くゆったり腰掛ける人ほど精神的に優位に立っている場合が多いのです。

人が誰かと同席する場合、どんな場所に座り、どんな座り方をするかによって、その人の深層心理がかなり見えてきます。では、具体的にどんなことが見えてくるのでしょうか。

まず、座ったときの物理的距離ですが、相手との関係の深さを示していると考えていいでしょう。たとえば、電車内がガラガラでも、深い関係にある恋人同士なら、相手のすぐ近くに座ろうとするはずです。逆に、心理的抵抗感のある上司と電車に乗った場合は、できる限りスペースを空けて座ろうとするでしょう。

大学の講義でも、教授に親近感を持っていたり、積極的に講義を聴こうとする学生は前方の列に座り、講義に興味のない学生や、ときどきしか授業に出席しないような学生は後ろのほうに席を取る傾向があります。

あなたの正面に座るか、横や斜めの位置に座るかによっても、相手の心理状態が読み解けます。抱擁や握手をするときを除いて、相手の全身または上半身が無理なく視野に入るくらいの距離を保つのが自然な状態です。しかし、横や斜めの位置に座ると、このような制約がなくなるので、密着して座ることも可能です。しかも、正面に座ると視線の衝突という一種の緊張感を生みやすくなりますが、**横や斜めに座れば、視線の衝突を起こすこともなく、同一の方向を向いて同じものを見ているという連帯感も生まれます**。

パリのカフェでは、見知らぬ旅行者同士でも、実になごやかに親しげに語り合っています。これは、ほとんどの人がテラスの椅子に並んで座り、道路に視線を向けて同じものを見ているので連帯感を持ちやすいことと無関係ではないと思います。またこの座り方は、お互いの視線がそれ、共感したり感動したときだけ斜めに交叉《こうさ》するため、心理的負担を感じにくいのです。

このことからもわかるとおり、横に座る人は正面に座る人よりも、あなたに対して強い親密感を持っていると考えていいでしょう。男女関係でも、テーブルを挟んで座るより横に並んで座るほうが親しい関係といえます。また、同僚や知人などが斜め前の席に座ったら、あなたに気を許しているということ。逆に、真正面に座ってじっと目を見据えるようなら、あなたに不信感を持っているのかもしれません。

座り方で注目したいのは、椅子に浅く腰掛けているか、深く腰掛けているかです。人は立っている姿勢が最も活動に適した状態なので、椅子に浅く腰掛けているのは、このような状態にすぐ復帰したいと考えている証拠といえます。心理学ではこれを「**覚醒水準が高い状態**」といい、相手に心から従う意思をあらわしたり、相手の話に興味を感じていることを無意識のうちに表現していると考えます。

緊張が解けるに従って覚醒水準は低くなり、椅子に深く腰掛けるようになり、ついには脚を投げ出すようになります。こんな姿勢をとっている人は、精神的に優位に立っているか、優位に立ちたいと考えているのでしょう。

最後にチェックするのは脚のかたちです。たとえば、脚全体をきちんとそろえて座っている人は、かなり人見知りと考えていいでしょう。初対面の人と話すのが苦手で、打ち解けるのに時間がかかります。こんなタイプと同席したときには、あなたのほうから自己開示をするようにしましょう。

すぐに脚を組み始めたら、平凡なことが嫌いで、理想を追って頑張る人と考えられます。困っている人を見ると手を貸さずにいられないため、いざというときには頼りになるタイプです。ただし、意見を一方的に主張する傾向があり、この点には注意したほうがよさそうです。

足首を交差させて両足をくっつけて座るのは、子どもっぽい人です。優しくしてくれる人でなければ、なかなか打ち解けられません。

膝をくっつけて足先を大きく開くのは好き嫌いが激しい人。第一印象が悪いとなかなか受け入れてもらえません。

斜めに脚を傾けて座るのは、かなりプライドが高い人。大切に扱ってもらえないと機嫌が悪く、この点に注意してつき合いましょう。

そして、何度も脚を組み替えるのは、寂しがり屋で人なつこいタイプが多いようです。また、欲求不満の人にもこの動きがよく見られます。

6 悲劇のヒロインになりたがる人は、「自分を守ろう」という気持ちが強い

あるタレントが豪邸を建てたとき、人々は「よく建てたものだ。偉い」と感心しましたが、別のタレントのときには「生意気だ」という反応でした。こうした反応の違いは、なぜ生まれるのでしょうか。

嫉妬心というのは実に不思議なもので、自分よりはるかに優れた容姿や才能を持っていたり、育ちのいい人物には「別の世界の人」という印象を持つため、それほど嫉妬を感じません。ところが、自分よりやや上か、同程度の人物が、ちょっとした幸運によって成功したり名声を得た場合には、「なぜ、あいつだけがそんないい目にあうのだ」と受け入れがたく感じます。

これに対し、自分より下だった人物が、下積みの苦労をした末に出世すると、拍手をおくりたい気持ちになります。身勝手なものですが、**相手に対するちょっとした優越感が親近感に変わる**わけです。

不幸な生い立ちに負けずに出世して、努力の結晶ともいえる豪邸を建てた人には「本当に努力家だよね」「見上げたものだ」と賞賛しますが、自分と同じ、または少し上ぐらいの人が豪邸を建てると、「成金の悪趣味な家」「身の程知らず」などと批判するのは、そうした心理をよくあらわしていますね。

豊臣秀吉が織田信長と比べて人気があるのもそのためです。若いころに信長の草履を懐で温めていたという話を聞くと、権力者となった後の狡知《こうち》にたけた秀吉の姿など、どこかに消し飛んでしまうのです。

歌手やタレントの売り出しにも、この心理はよく利用されてきました。スターになるための要素はいろいろあるでしょうが、幅広い人気を得るためには、片親に育てられて子どものころから苦労したとか、病身の親を養ったなどの不幸体験があればなおよしとされていたそうです。

そういえば、アメリカで大人気のテレビ番組「アメリカン・アイドル」は、視聴者参加型の国民的公開オーディション番組ですが、高評価を受ける出場者には複雑な家庭の事情を背負っている人が多いような気がします。

こうしたことからもわかるように、不幸な話を嬉々《きき》として語る人は、周囲に対して

「私はこんな不幸を味わってきたのだから、いいことがあっても当然だ」「私は悲劇のヒロインなのだから、哀れんでほしい」という**免罪符や同情を求める心がないとはいえない**でしょう。

意識的にしている場合も、無意識の場合もありますが、どちらにしても「自分を守ろう」という気持ちが強いと思われます。

7

他人の体に触りたがる人は、「親分タイプ」

知らぬ間に背後に立ち、いきなり肩をもみはじめる上司がいます。本人はスキンシップのつもりかもしれませんが、不愉快に思う人もいるでしょう。しかし、あからさまに嫌がるのも考えものでしょう。

政治家が選挙中に地元へ戻ったときなど、誰彼かまわず握手を求めたり、肩を叩《たた》きながら「よろしくお願いしますよ」などと頭を下げている光景が見られます。

もちろん、有権者のほうから握手を求めていることもありますが、ほとんどの場合は政治家が有無をいわせずスキンシップをとっている場合が多いようです。

また、会社の中には、挨拶がわりに肩をもむ人もいます。たとえ肩は凝っていても、さほど親しくもない人に体を触れられるのは気分のいいものではありません。それは、111ページでも紹介したパーソナル・スペースに無断で侵入されたためです。異性間の場合はセクハラと訴えられる可能性もあり、おすすめできない行為ですが、触れているほうはそんな意図は持っていないようです。相手は「あなたに好感を持ってほしい」「この人と親しくなりたい」と考えて、スキンシップをとろうとしているのです。

つまり、他人の体に触りたがる人は、相手のことをあまり考えず、自分本位の思考や行動をとる親分タイプということ。**自分のほうが偉いという意識があるため、相手の了解など必要ないと思っている**ようです。政治家が有権者とスキンシップをとりたがるのは、やむを得ないことなのかもしれません。

取引先の担当者や新しく赴任した上司がこのタイプだった場合は、扱いに注意が必要です。あなたがちょっとしたスキンシップ――たとえば握手や肩もみなどを拒むと、「コイツは俺の言うことを聞かない」と判断する傾向があるからです。このタイプは好き嫌いが激しいところもあるため、そう判断されると仕事がやりにくくなってしまいます。

セクハラに対する意識が高くなり、女性はこんな被害を受けることが少なくなりましたが、男性の場合は「それはセクハラです！」とは言いにくいので、どちらかが配置転換されるまで我慢するしかないようです。

8 ハンバーガーを「ちぎって食べる」人は、迷いやすい

食べ物の選択や食べ方には人の性格や能力があらわれます。レストランや居酒屋で優柔不断な人が、仕事でも優柔不断になるのは当然でしょう。

食べることとは、人間に備わった最も本能的な「欲」のひとつです。欲はその人固有のもので、他人任せにできるものではありません。にもかかわらず決断できないのでは、性格そのものがだんだん消極的になってしまいます。

このようなタイプは仕事や恋愛面でも消極的で、「この人に仕事（人生）を任せられるだろうか」と、相手は不安になることが多いでしょう。ハンバーガーの食べ方でも、性格がある程度わかります。あなたの友人や知人の食べ方は次のどれでしょうか。

①豪快にかぶりつく　食べ方どおり、細かいことを気にしない大胆なタイプです。旺盛なのは食欲だけではなく、**すべての物事に対して意欲的**です。思い立ったらすぐ行

動に移すタイプで、しかも負けず嫌い。恋人にすると振りまわされるかもしれませんが、頼もしい人でもあります。

②**半分に割ってから食べる**　真面目で控え目な性格がうかがえます。自分の責任をきちんと果たし、約束を必ず守る人です。感情に流されることも滅多になく、**いつも冷静**。友人や恋人としてはあまり面白くないタイプかもしれませんが、ピンチになったときに指示を仰ぐなら、断然このタイプでしょう。

③**少しずつ手でちぎって食べる**　女性によく見られる食べ方ですが、何事にも迷いやすく**自信が持てない**タイプです。こんな食べ方をしていると、消極的な性格になってしまいます。少しお行儀は悪いかもしれませんが、たまには大口を開けてガブリと食べてみるのもいいでしょう。

④**端っこをかじる**　**用心深く慎重**な証拠。日常生活でも失敗は少ないようですが、もう少し冒険してみてもいいのではありませんか。

9 よく「チョキを出す」人は、頼みごとをするのに最適

何かを渋ったり、嫌がったりする相手には、いくら「やれ」と言っても無駄です。そんな天の邪鬼の気持ちがジャンケンにもあらわれます。

「勉強しなさい」と言われると、かえってしたくなくなるものです。同じように、未成年の喫煙者がいつまでたってもゼロにならないのは、「未成年者はタバコを吸ってはいけない」という厳しい規制に対する反発がひとつの理由と思われます。こんな天の邪鬼な行動パターンは、なにも子どもだけに見られるものではありません。

たとえば、塀に穴を開け「のぞくべからず」と張り紙をしておいたところ、通りかかったすべての人が穴をのぞいていったそうです。また、男性向けの雑誌で、スクープヌードが「とじ込みページ」にされたことがありました。店頭で中身を見られないため、なんとしても見たくなるという天の邪鬼の心理を上手に応用したもので、雑誌

の売り上げは急増しました。

これらのことからわかるとおり、他人に指示されたり、命令されると本能的に反発するのが人間の心理です。

この天の邪鬼の心理が、ジャンケンにもよくあらわれます。いつのころからか、ジャンケンは「最初はグー」で始まるスタイルがポピュラーなものになりました。あまり意識していないでしょうが、これは明らかに「最初はグーを出しなさい」という指示です。これに反発したくなる心理が誰にでもありますから、次に出す手、つまり勝負で出すのは強制されたグーに勝てるパーが多くなります。

そんなバカなと思うかもしれませんが、パーティなどの余興でジャンケンをするとき、みんなが出す手を観察していると、予想どおりパーが多かったそうです。中でも**反発心の強い人、自己主張の強い人がパーを出す**傾向が見られました。

これを逆手にとると、ジャンケンで最初に何を出すかで、その人の性格がある程度つかめます。パーを出す人は自己主張の強い人。チョキを出す人は開放的な性格で親しみやすく、従順な人。頼みごとをするならこのタイプが最適です。また、グーを出す人は温和な性格ですが、責任感が薄くてのんびり屋——こんなところでしょうか。

10 カラオケで歌いたがるのは、「シャイな」人

アルコールには、口頃から抑圧されている欲望や感情を思いきり解放する働きがあります。

お酒を飲むと人柄がガラリと変わる人がいます。これは、大脳皮質がアルコールによって麻痺《まひ》し、理性が失われて、日頃は抑圧されている欲望や感情が表面化したことをあらわしています。

正確に言うと、お酒を飲んだから人柄が変わったのではなく、その人の本当の姿が見えただけなのです。ではまず、飲み方から見てみましょう。

①急ピッチで飲む人　「駆けつけ三杯」と言いますが、最初からグイグイ飛ばす人は陽気で外向的な性格が多いようです。ただし、とても神経質な性格で、相手より少しでも早く酔って理性を麻痺させ、**自分の気の弱さをカバーしようと考えている**場合もあります。

②チビチビ飲む人　一般的に**内向的な性格**の人が多く、俗にいう「愚痴っぽい酒」もこのタイプによく見られます。

次は、酔ったときに見せる姿です。

①口数が多くなり、陽気になる人　最も一般的なタイプです。仕事でもプライベートでもストレスがあまりなく、**精神的に安定している**のでしょう。

②口数が少なくなり、陰鬱になる人　大きな悩みを抱えていて、**精神的に押しつぶされそうになっている**ようです。友人なら、悩みを聞いてあげるといいでしょう。

③酔ってもまったく変わらない人　ほとんどの場合は、酔うほど酒を飲まないように注意していると考えていいでしょう。酔わないのは人の前で本音を吐きたくないという気持ちのあらわれです。**自己防衛的な性格がとても強い**ので、自分のまわりに他人を踏み込ませない壁を作っている場合が多いようです。協調性がなく、エゴイスティ

ックなところも見受けられます。

④酔うと放言する人　気が小さく**神経質な性格**の持ち主と思って間違いないでしょう。仕事の実力はいまひとつですが、真面目な性格で、お金の管理を任せたり連絡係にすると間違いありません。

⑤笑い上戸になる人　普段は滅多に笑わない人ほど、お酒を飲むと笑い上戸になるようです。これは、お酒を飲まなければ笑うところさえ見せられない真面目さを持っているということ。**ガードも堅いため、親しくなるのも簡単ではありません。**

⑥泣き上戸になる人　男性の場合、性的欲求不満を抱えていることが多いようです。彼のためにパーティを開く場合は、女性がいる店を選ぶと喜ぶでしょう。また、**女性の場合は、寂しがり屋が多い**ようです。

⑦怒ったり、からむ人　おとなしい人ほど、こんな一面を見せるものです。それは、

顔で笑っていても怒っていることが多い証拠。それをじっと我慢しているだけなのです。優しい人だからとあまり調子に乗らず、敬意を持って接するようにしましょう。

⑧仕事の話しかしない人　責任感が強い人です。酒の席でも仕事のことが頭から離れず、リラックスできません。**かなりストレスがたまっている**ようなので、本人が満足いくまで話を聞いてあげるといいでしょう。

⑨カラオケを歌いたがる人　協調性があり、社交的といえるでしょう。2次会でカラオケに行くと、派手なパフォーマンスで歌う人がときどきいますが、みんなに注目されたいと強く思っている証拠。しかし**テレ屋で気が弱く、しらふではそれを実行に移せない**ようです。

11 「私はインテリだから」と思っている人ほど騙される

新聞やテレビで詐欺事件が報道されると、「あんな簡単なことに騙されるなんてバカみたい」と笑う人がいます。そんな人ほど被害者になりやすいので注意してください。

オレオレ詐欺や悪徳商法、キャッチセールスなど、世の中にはさまざまな騙《だま》しのテクニックが横行しています。しかも、何度も騙される人がいるというのですから、気の毒な話です。

人を騙して金を奪うのはけっして許されない行為ですが、心理学的に見ると、騙されるほうにも原因があるケースが多いのです。そこで、騙されやすい人の特徴を紹介しておきましょう。配偶者や家族、遠く離れたところに住んでいる祖父母などが以下に当てはまったら、周囲の人が気を配ってあげることです。

①長男や長女、一人っ子の人　詐欺事件がやたら増えているのは、倫理観が薄くなっ

ただけではなく、一人っ子が増えてきたことも関係しているのではないでしょうか。長男や長女、一人っ子は、子どものころから両親に大切に育てられて、「おっとり型」や「お人好し型」の人間になりやすいようです。そのため、**人を疑ってかかるのが苦手**です。逆に、兄や姉からいじめられながら育った次男・次女や、兄弟の多い家庭で育った人には、いわゆる「チャッカリ型」が多く、人に騙されにくいしぶとさを持っています。

詐欺師というのは、例外なく人の情に訴えてきます。それにいちばん弱いのが、長男や長女、一人っ子に多いお人好しタイプなのです。彼らの中には、人に指摘されるまで騙されたことに気づかず、「人助けをした」と喜んでいる人も珍しくありません。

②インテリやエリートの人　インテリやエリートは「自分たちは騙す側に立つことはあっても、騙される側にはけっして立つことはない」と思い込んでいるようです。しかし、これが落とし穴なのです。たしかに彼らは騙されにくいように見えますが、それは単に「騙されることを予期していない」だけで、人は予期していないことに対しては脆《もろ》いものです。

インテリが騙されやすいもうひとつの理由は、**1を知って10を知った気になってしまうところ**。1の情報を与えるだけで残りの9を想像し、確認を怠りやすいようです。詐欺師はその早とちりを利用してきます。

③ケチな人　「ケチだから詐欺師にお金を出すなんてあり得ない」と思ったら大間違いです。彼らは「もっと儲《もう》かりますよ」という言葉に弱いからです。一般的にケチといわれる性格の人は、**細かいところには実に神経が行き届くのですが、大きなマネジメントにはからっきし弱い**人が少なくありません。目先の小金を貯めることばかりに目を奪われ、肝心の「その投資話が事実かどうか」という真偽を確かめるのがおろそかになったりするのです。

もうひとつ、ケチな人が大損するケースがあります。それは、人に大金の運用を任せているときです。普段から「人が何かやってくれると言うなら、やってもらうほうが得だ」と考え、相手が本当に信用できる人物かどうかを見極めずにお金を預けてしまうのでしょう。

④見栄っ張りの人　人は、優越感を与えてくれる人物に対しては無防備になりやすいものです。見栄っ張りな人はとくにこの傾向が強く、**自分だけが取り残されることに強い不安を感じます**。自分を仲間として受け入れてくれる人を無条件で信用してしまいます。つまり、見栄っ張りの人は、裏を返せば弱い人というわけ。

若い女性たちが流行をいち早く取り入れ、全員が似たような恰好をしているのは、仲間はずれにされたくないという幼児的な心理も働いているのですが、それと大差ありません。悪徳セールスマンは、この心理を利用し、「みなさんお使いになっていますよ」などと仲間はずれ意識を煽《あお》ってくるのです。

⑤愚痴を言う人　愚痴が多い人は猜疑《さいぎ》心が強く、何を言われても「どうせダメだろ」とまともに受け取らないため、一見他人を信用しないように思われがちです。しかし、不満をため込んでいるだけに、**そのはけ口を常に求めています**。そんな不満を聞いてあげるだけで強い仲間意識を持ってくれますから、後はどうにでも料理できるというわけです。

12 「丸いおにぎり」を好む人は、細かいことを気にしない

「シンプルな料理は難しい」とか。シンプルといえば、和食の究極はおにぎりでしょうか。実は、好きなおにぎりの形にも、性格があらわれるかもしれません。

お米大好き人間にいわせると、最も美味しいお米の食べ方は、おにぎりだそうです。日本人にとっておにぎりは別格の食べ物でしょう。コンビニでも、おにぎりは売り上げの大きな割合を占めています。

おにぎりのイメージは、お母さんが作ってくれたものをはじめとして、百人百様ではないでしょうか。作り方はとても簡単。といっても、いざ作るとなると、けっこう難しいのです。

理想のおにぎりは、手に持っているときは崩れず、しかし口に入れるとフワッとほぐれるもの。そのためには、ご飯が熱いうちに握らなければなりません。また、ご飯

は冷めると締まるので、固く握りすぎてもいけません。だからこそ、形、大きさ、具、塩加減など、誰もがこだわりを持つのでしょう。

さて、理想のおにぎりの形は、人によって違うようです。おにぎりを食べながら、「どんな形が好きですか？」と聞いてみるといいでしょう。

①三角のおにぎりが好きな人

周囲に対していろいろな配慮を忘れません。ものを選ぶ際には、ちょっと工夫されている品を手に取るでしょう。きっと洗練された都会的なイメージのものが好きなはずです。

②丸いおにぎりを選んだ人

あまり細かいことを気にしない、伸び伸びした性格。**子どものような純粋さを持っています**。いつもにこやかで、素朴な人柄でしょう。

13 一等に当たって"ニヤッと"笑うのは、テレ屋さん

普段、喜怒哀楽の感情は顔にあらわれますが、真実の意識はその中に隠されています。通常の感情表現より、なにげないしぐさなどにハッキリあらわれるものです。

日本人は、喜びの表現が下手だといわれています。でも、急におとずれた喜びなど、大きな心の振幅があると、その人の潜在的な意識が出やすくなります。

①パッと飛び上がる

やたら子どもっぽい性格です。うれしいことがあると顔に出るでしょう。そして、とにかく人にしゃべらないと気がすまないようです。浮気などしたらすぐにバレてしまうはず。隠すということが下手です。

バカバカしいことやつまらないことに腹を立てるので、人から見ると、なんだかお

かしく見えるときがあります。けっこう短気で、嫉妬もします。

②ニヤッと笑う

内気でテレ屋さん。自分の気持ちをあまり顔にあらわさない人です。性格的にも慎重です。ただ、このタイプは**普段はおとなしいのですが、ときどき爆発的な感情を示すので、**誤解されることも多いでしょう。

恋愛でも、この人と思う人がいると突き進んでしまい、相手が「イエス」と言うまで迫るケースもあります。

③不思議そうな顔をする

神経質な人です。楽しいときと寂しいときの差がひどく出ます。本当は陽気で人づき合いがいいのですが、「孤独を好む人」のように見せている傾向があります。

暗示にかかりやすいというか、思い込みが激しいというか、**周囲から褒められたり、異性から好意を示されると、その気になりやすい人です。**そのため、好かれてもいない相手に対して、片思いをし続けるケースもあります。

④指をパチンと鳴らす

これは男性によく見られます。センスがあり、流行に敏感で、目新しいものにすぐ飛びつきます。友達とも上手に遊び、上司や同僚とも問題なくつき合えるでしょう。女性の場合も、やはり社交的です。**好き嫌いがはっきりしているのですが、それを隠さずに表情に出します。**

金銭感覚が強く、一円のお金に対してもうるさいので、お金の問題で急に仲が悪くなってしまうケースがあるかもしれません。

14 大げさな身ぶりをする先生は「おっちょこちょい」

学校の先生の態度は、いかにも冷静なので、なかなか性格がつかみにくいものです。しかし、身ぶりを注意して観察すると、性格が浮かび上がってくるかもしれません。

教師に求められるものは、知識や指導力だけではありません。「生徒のお手本」という姿まで求められているのでしょう。とはいえ、人それぞれ。

さて、授業中の先生の身ぶりは実にさまざまですが、熱中すると思わず性格が出てしまうようです。

①「私が」「私は」と口にする先生 お世辞は通じません。見かけは優しくても、実は頑固です。素直な生徒が好きでしょう。

②髪や鼻にすぐ手をやる先生　孤独な寂しがり屋。思いやりを大切にし、休み時間などは生徒と話すのが好きです。

③新しい服になるとテレる先生　純真で子どもっぽい人です。生徒と一緒に遊びますが、すぐに悪乗りしたりします。

④腕組みで話す先生　とても自信家です。気に入りの服装を褒めると感激してくれます。

⑤大げさな身ぶりの先生　お人好しで、おっちょこちょい。とても生徒の面倒見がよく、女の子に甘いタイプです。

⑥資料をたくさん持ってくる先生　自分はユーモア型なのに、生徒がチャラチャラしているのは嫌います。涙もろく、よく気配りをします。

⑦襟や裾を気にする先生　授業中のよそ見やおしゃべりをとても気にします。ただし、感情はおだやかで、好きな生徒にも嫌いな生徒にも平等に接します。

⑧教壇から離れない先生　知性にあふれています。でも、意外なことに、自分のスタイルに劣等感を抱いているかもしれません。

⑨いつも生徒を見まわす先生　生徒を甘やかすことはしません。熱血型なので、マークした生徒は、とことん指導します。

⑩時間になるとピッタリ終える先生　規則や決まりを大切にします。きちんと時間を守る人なので、生徒がルーズだととくに厳しくなります。

15 「自分の恥をさらす」人は、油断ならない

警戒心や緊張感を解いて、他人を味方に引き入れるためには、こちらの弱点をさらけ出すのが効果的です。その人物の肩書きが立派なほど威力を発揮するようです。

新聞記者が、ある大物政治家のところへスキャンダルの真相を取材に行ったときの話です。記者が真相を聞き出そうとすると、その政治家がコーヒーを口に運びました。どうやら彼は猫舌だったらしく、「熱い！」と叫んでカップをひっくり返してしまったのです。

片づけが一段落して、しばらく話をしていると、今度はタバコを逆さにくわえフィルターに火をつけてしまいました。「先生、タバコが反対ですよ」と記者が注意したところ、彼はあわてて灰皿までひっくり返してしまいました。

新聞記者の首を飛ばすくらい朝飯前といわれる大物政治家の醜態に、記者は意外な

面を見た思いがしたそうです。

「スキャンダルをとことん追及してやろうという攻撃的な感情がいつの間にか消え、親しみさえ感じるようになりました。おかげで、取材は大失敗に終わりましたけど、それでもよかったかなという気持ちでした」。苦笑混じりに記者は語っていましたが、どうやら彼は大物政治家の巧妙な心理テクニックに丸め込まれてしまったようです。

威厳ある人物に意外な醜態や弱点を見出すと、その相手に対して抱いていた悪感情を失い、逆に相手を好意的に受け入れてしまうのが人間の心理です。この心理を逆手にとれば、自分の恥を聞かせたり醜態を意図的に見せて、相手を油断させることができます。それればかりか、味方に引き入れてしまうことも可能です。大物政治家は、この心理テクニックを使ったのではないでしょうか。

たとえば、新しい部署の責任者になったときなどは、就任の挨拶で「私は○○が苦手なので、みなさんの力を借りることになります」と頭を下げてしまえばいいのです。この一言で、戦々恐々としていた部下たちの緊張感や敵対心は解けるでしょう。

恥や醜態をさらされると、その人のことをどうしても軽く見がちです。しかし、それは戦略かもしれないので要注意です。

16 急に「話のテンポが速くなったら」嘘かもしれないと疑う

詐欺師は1から10までうまい話を並べ立てるわけではありません。どんな人でも、あまりにもうますぎる話には警戒心を持つからです。詐欺師たちは必ず話の中にマイナス情報をまぎれ込ませています。

世の詐欺師たちには共通した点がある気がします。

それは、最初から最後まで全部嘘《うそ》をつくのではなく、1か所だけ真実のことを話すのです。話の90パーセントが嘘でも、10パーセントだけは本当のことを話し、その10パーセントの真実を核にして、相手に迫るわけです。

人間の思考習慣を分析してみると、意識するしないにかかわらず、**部分情報から全体をイメージする**という思考パターンを行なっています。ひとつのサンプル情報を基礎に、全体の情報を推理推測するわけです。とくに想像力の豊かな人になるほど、この思考パターンの傾向が強くなります。

詐欺師はこのパターンを悪用して私たちに近づいてきます。たとえば、「私はごらんのように背が小さいが、肝っ玉は大きく、いままでずいぶん大胆なことを実行して成功してきました。たとえば、昨年の金相場では……」と話したとしましょう。背が小さいのは、見ればわかる真実です。このように真実をまず示して、話全体の信憑《しんぴょう》性を高めてしまうのです。この心理トリックにひっかかると、この後に展開される「私の言うとおりにすれば金相場で大儲《もう》けできる」という大嘘も信用させられてしまい、大金を巻き上げられてしまう可能性があります。

これほど悪意がなくても、嘘をつく人がいます。その理由は「**喝采願望**」にあるようです。喝采願望というのは自己顕示欲の一種で、注目されたいために、根も葉もないことを平然と話すのです。

あまり実害がないため、そんな嘘をつく人を前にしても「空想力がある人だ」と笑ってすませがちですが、油断は禁物です。なぜなら、彼らの心の中には「ちやほやされたい」という現実的で生臭い欲望が隠されています。つまり、ちやほやされるためには何をしでかすかわからないということ。たとえ無害でも、あまり近づかないほうが身のためです。では、相手の話が嘘かどうかを見抜くためには、どうすればいいのでしょうか。代表的な見極め方をいくつか紹介しておきましょう。

①話のテンポが速くなったり、同じ言葉を繰り返す　一般的に、相手に対して不満や敵意を感じていると、話すテンポは落ちます。逆に、自分にやましいところがあるときや、嘘を信じ込ませようとするときは、話すテンポが速くなります。必要以上に多くのことを速くしゃべることによって、心の奥にひそむ不安や恐怖をまぎらわそうとしているわけです。しかも、**自分を冷静に振り返る余裕がなくて、同じ言葉を繰り返す**ようになります。仕事でも、不自然なほど饒舌《じょうぜつ》になったときは、他人に知られたくない秘密を抱えていると考えていいでしょう。「問うに落ちず語るに落ちる」とはこんな状況をいいます。「落ちる」とは自分で白状してしまうことです。

②返事が早くなったり、声が小さくなる　考えながらゆっくり返事をすると、「嘘がバレる」と思い込んでいるために起こる反応です。たとえば、「明日の出張はどこなの？」と奥さんに聞かれた場合、普段は「えーっと、名古屋の手前……そう、豊田」とのんびり答える人も、嘘をついているときには「豊田！」と即答するようになります。また、大きい声を出すと嘘がバレると思い込んで、**声が小さくなります**。逆に、相手を説得しようとして大きな声を出す人もいるので注意が必要です。

③口や手を隠す　手を口にやるのは、嘘をついているところを隠したいという衝動を抑えられないためです。指先で唇に触れたり、相手に目を注視されないように目を隠す場合もあります。中には口を隠すと嘘がバレてしまうと考え、鼻に触れたり目を隠す人も。**鼻に手をやる回数が増えるのは、嘘をつくと緊張して鼻の粘膜が乾くから**という説もあります。また、手の動きで嘘がバレるのではないかと恐れ、急にポケットの中に手を入れたり、テーブルの下に隠したりもします。

④やたらにタバコを吸う　喫煙者は緊張すると、無意識のうちにタバコに手を伸ばします。ニコチンの働きを借りて、**嘘をつくときの緊張を和らげようとしている**ようです。

17 「言葉を繰り返してくれる」人には、心を開いてもいい

言葉を繰り返す、うなずく、相づちを打つという3つの動作は、「あなたの話を傾聴しています」というサイン。そのため、相手はついしゃべりすぎるようになります。

カウンセリングのテクニックに、相手の言葉を繰り返すというのがあります。

「最近、息子が家に帰ってきても話をしてくれないんです」

「なるほど、話をしてくれないんですか」

「イジメられているの？　って聞いても、そんなことはないと言われましたし……」

「そうですか、学校でイジメられているわけではないと言われた」

「息子は何を考えているんでしょうか。どこか体の調子でも悪いのでしょうか」

「どこか体の調子が悪いのでしょうかねぇ」

文字にすると、まるでバカにしているように見えるかもしれませんが、このように

相手の言葉を繰り返していると、心の壁を取り払えるのです。そして、実は相談者も薄々感づいていたのですが、息子が進学について悩んでいるとわかったりします。この場合、言葉の繰り返しが「あなたの話をしっかり聞いていますよ」というサインになっていて、相手の心を開く働きをします。

もし、身近に自分の言った言葉を繰り返しながら聞いてくれる人がいたら、ぜひ大切にしてください。なぜなら、その人はあなたのことを理解しよう、あなたの心を受け止めようと努力してくれているからです。お互いの性格はまるで違っても、相手の話に耳だけでなく心まで傾けてくれる人は信頼できます。そして、自分も同じように、心を傾けて相手の話を聞いてあげるようにしたいものです。

ただし、優秀なセールスマンは時として、「相づちを打つ、うなずく、言葉を繰り返す」をテクニックとして利用する場合もあります。

「いま乗ってる車がそろそろ三度目の車検なんだ」

「ほぉ、三度目の車検ですか、ずいぶん乗られましたね」

「あちこちガタもきてるし、車検代もバカにならないよな」

「わかります、わかります、車検代もバカになりませんよ。それで、買い換えたほうが安いからって、新車を買う人も多いんですから」

「え、新車を？」

「ええ。新車なら初回は車検が3年間ありますから、割安なんですよ」

「そうかぁ、新車ねぇ……」

「お客さまはタイミングがいい。いま、特別サービス週間なんです。無料でお見積りしますよ。何か希望の車種はございますか？」

という具合に、知らず知らずのうちに巧みにリードされてしまうこともあります。

言葉を繰り返されることによって、気持ちよくなってしゃべりすぎ、うっかり散財しないように気をつけましょう。

18 いつも口うるさい姑が隠している「本心」

さっきまで談笑していた相手が、急に機嫌を悪くしてしまいました。どうやら、気にさわることを言ったようです。しかし、話した言葉を消す消しゴムはありません。もう取り返しはつきません。

「覆水盆に返らず」という言葉があるとおり、言ってはならないことを口にしてしまっては取り返しがつきません。「つい口がすべりました」「前言を撤回します」「いまのは間違いでした」などと言っても、すでに怒らせてしまった相手の気持ちを鎮めるのはむずかしく、ひどい場合には、怒りを鎮めるどころか、なおさら怒らせてしまう場合もあります。

こんなトラブルは家庭内でも起きます。いつも口うるさい姑《しゅうとめ》のことを煙たく思っていた嫁がついカッとして、「お義母《かあ》さんみたいな人、いなくたって、全然困らないんですからね！」と言ってしまったとしましょう。仕事関係の他人とは違ってもし、嫁と姑が同じ屋根の下に住んでいるなら、この言葉によって生まれた怒りや気まずさを毎日味わわなくてはなりません。互いにストレスが大きくなります。しかし、だからといって「いまのは本心じゃないんです」と取り消したところで、かえって逆効果になるばかりでしょう。

相手の怒りを鎮めるときには、なぜ怒ったのかという原因を探らなければなりません。このケースの場合、姑がショックを受けたのは、「いなくても困らない」という言葉そのものではなく、この言葉に含まれている感情――「お義母さんは邪魔」「お義母さんのことは嫌い」のほうです。つまり、この感情を打ち消すことが相手の怒りを鎮める早道ということになります。

ところで、なぜ姑は嫁に対して口うるさくあたるのでしょうか。実は、言葉とは反対に、「自分は嫌われていないだろうか」「息子夫婦が家を出て行ってしまうのではないか」「縁が切れるようなことにならないだろうか」という**怯《おび》えにも似た感情が胸の中で渦巻いている**のです。

そんな不安を打ち消したくて、小さなことを口うるさく言ってみて、嫁の心を試しているという一面があるのではないでしょうか。

実際は、自分にかまってほしい、大切にしてほしいという思いがあるのに、心にもないことを言ってしまっているわけです。だからこそ、その不安を拭う意味も込めて、「これに懲りず、これからもよろしくお願いします」とか「この先もずっと一緒にいさせてくださいね」のように、声をかけるようにするといいでしょう。

口うるさい姑の扱いに困ったときは、子どもに接するときと同じように、相手の言うことに逆らわず、いくつかの謝罪の言葉を繰り返して、とにかく怒りがおさまるのを待つことです。

姑も文句を言いながら、言いすぎていると感じているものです。**神妙な面持ちで聞いていれば、やがて不満もおさまります。**そうすると「少し言いすぎたかな」という心理状態になりますから、ここですかさず「申し訳ありませんでした。これからは気をつけます」と一言いって、姑の反省心にとどめをさすのです。

嫁と姑にかぎらず、人間同士の争いというのは、外にあらわれた言葉ではなく内に秘められた感情をお互いに推量し合って、さらに陰湿なものになりがちです。それを防ぐためには、相手が思っているだろうと予想される問題点を、いち早く否定し、取り去ってしまうのがいいでしょう。

19

〝特定の〟嗜好品にこだわる人は、トラウマの持ち主

自分が望むワインがないと、いくら飲みたくても我慢する人がいます。このタイプは他人への不信感と警戒、屈辱感に対する過敏性と攻撃性を持っています。

嗜好《しこう》品のブランドに極端にこだわる人がいます。たとえば、「ワインは◯◯でなければ」とか「コーヒーは△△でなくては飲めない」といった具合です。このタイプは、似た味、またはそれ以上の味のものを出しても、頑として受け付けないでしょう。美味しい・不味《まず》いといった選択をしているのではなく、感情的なこだわりがあるようです。

もともと嗜好品というのは、水や米、小麦粉などと違い、人間が生きていくうえで必要なものではありません。そのためメーカー側もさまざまな特色を打ち出し、たくさんの種類を販売しています。消費者側からすれば選択の自由度が高いわけですが、自由度が高ければ高いほど、何を選ぶかに人の心理が出やすくなります。

とはいうものの、たいていの人は自分の経済状態を考えて選びます。いくら○○の××年物のワインが飲みたくても、借金までして買おうとする人がいないのはそのためです。

それでも、アパート住まいの新入社員がドン・ペリニヨンのシャンパンを飲んでいるケースもあるでしょう。このように身分不相応な銘柄を選びたがる人の心の中には、「現在より上の階級に這《は》い上がりたい」という気持ちがひそんでいます。よく言えば向上心のある人ですが、見栄っ張りともいえます。さらにこのタイプの人には、ヒステリー性格の傾向も見られるようです。

ヒステリー性格の特徴は、**虚栄心がいちじるしく強く、勝ち気で派手好き**。大げさでわざとらしい言動をとることが多い。わがままで移り気。自己中心的で依存心が強く、子どもっぽいところがある。暗示にかかりやすく、感情は不安定で自制心に乏しい。話の中に嘘《うそ》を混ぜることが多い……等々。いずれにしても、親友としてつき合うのは難しいタイプといえるでしょう。

嗜好品などの特定の銘柄に強いこだわりを見せる人には、現在の地位や待遇に満足しておらず、栄光の時代（やり手のビジネスパーソンとして周囲から尊敬されていた、昔は実家が裕福だった等）に戻りたいというコンプレックスが隠されている場合があります。

また、トラウマがこだわりを生み出しているケースもあります。たとえば、別れた恋人が好きだったコーヒーの銘柄に強いこだわりを持っている人がいたとすると、「彼女との関係は大昔のこと。とっくに忘れたよ」と口では言っていても、心の中ではその恋人をいまも思っていると考えたほうがいいでしょう。

逆に、トラウマが特定の嗜好品や銘柄を排斥する場合もあります。ビールは好きなのに特定の銘柄だけ毛嫌いするという人には、その銘柄が好きなライバルに恋人を奪われた経験があったりします。また、コーラを飲んでいるときに恋人とケンカが始まり、それがきっかけで別れたならば、コーラが嫌いでたまらなくなったりもします。

これは、**ある行為の最中に不快な刺激が与えられると、その行為から不快な刺激を連想するようになり、ついには行為そのものに嫌悪感を抱くようになる**という心理メカニズムによるもので、アルコール中毒患者、麻薬中毒患者などの治療にも用いられることがあります。

このようにトラウマが原因の嗜好は、理屈では割り切れない感情があります。そのため、その感情的動機が何らかの理由で失われると、あっけないほど簡単にこだわりがなくなります。先のビール銘柄の例でいうと、ライバルがその恋人にフラれたとすると、とたんにどの銘柄のビールでも飲むようになるといった具合です。

もうひとつ嗜好品を選ぶ動機として興味深いのが、自分の尊敬している人や上司・先輩などが愛用しているものと同じものを選ぶ場合です。これは、132ページで紹介したシンクロニー現象で、自分を相手と同一化したがっている心理のあらわれです。相手に憧れている場合が一般的ですが、ときには相手に対する欲求不満が心の中に潜在しているケースもあり、同化してその不満を解消しようとする作用が働いていたりします。

20 他人の話に「口をはさみたがる」のは、支配欲が強いから

人間は相手の自尊心を傷つけることによって、自分の支配欲や自尊心を満たそうとすることがあります。相手の話に割り込んで自分に注目を集めるのも、その一例です。

みんなで楽しく談笑していると、強引に話に割り込み、まったく関係のない話題を持ち出す人がいます。

たとえば、近所の奥さん同士で子どもが通っている学校の話をしていたところに突然あらわれ、挨拶もなしに「明日は出張なので、6時に起こしてくれよ。遅刻したら飛行機に乗り遅れるから、忘れないでくれよ」と言う旦那さんなどもこのケースです。

このタイプは、**支配欲や自己顕示欲がとても強い人**です。自分の存在を日立たせたいので、わざとみんなを無視して、話題の中心に立ちたがるわけです。当然、他人に対する思いやりに欠け、結婚すると苦労を強いられるでしょう。また、同僚にこのタ

イプがいると、チームワークに問題が出る可能性が高くなります。

話に割り込まないまでも、自分でその場の話題をどんどん作っていくタイプも、同じように支配欲、自己顕示欲の強い人です。

「夏休みの旅行の件なんだけど」

「あぁ……」

「円高だから、今年は海外にしない？」

「海外！」

「パリなんかいいと思うんだけど」

「ヨーロッパは……」

「じゃ、いまのうちに予約しておくわね」

といった具合に、こちらが返事に困っていると、どんどんと話題を持ち出してきて、結局すべて相手の思うままに進められてしまいます。

しかも、支配欲が強い人というのは、思うようにことが運ばなくなると攻撃的になる傾向があるため、取り扱いに注意が求められます。

中には話題の変化に脈絡が感じられない人がいます。たとえば、躁《そう》状態の人には「ゴリラ」の話をしていたと思ったら、音が似ているという理由だけで「ごろ寝」の話を始める人もいます。これは病的なケースですが、普通の人でも話がコロコロ変わる場合があります。「話題が豊富な人」という印象を受けるかもしれませんが、実際には頭の中で思考をまとめるのが苦手で、支離滅裂になっている人です。

逆に、自分から話題を持ち出さず、相手の話題についていくだけの人もいます。このタイプは**他人に対する理解が深く寛容で、本当の意味での優しさを持っている人**。こんな人と一緒にいたら、きっと楽しいでしょう。

21 生活費を持ち歩く人は、「パチンコにはまりやすい」

おしゃれなパチンコ店が気軽な遊び場になっているといいます。ところが、「パチンコがやめられない」という人も多いようです。時間もお金もかけすぎてしまうのです。なぜ、そんなにはまってしまうのでしょうか。

パチンコという遊びは、いつも儲《もう》かるものではありません。儲かるほうがはるかに少ないでしょう。大当たりで数万円儲かったとしても、注ぎ込んだ金額を合計すると、数万円以上になっている場合がほとんどのはず。でも、私たちの心は、たまに手に入れた幸運に、ひどく弱いのです。

これを心理学用語で「**強化スケジュール**」といいます。これは、ある行為に対する意欲を高める要素（強化）、つまり報酬が与えられる頻度が少ないほど、人はその行為を熱心に続けてしまうということです。

たとえば、パチンコの台はときどきしか当たらないように釘が調整されていますが、この「ときどき」こそが、人の心を虜《とりこ》にする最大要素なのです。何度かやって、その「ときどき」に当たれば、それに味をしめて通い始めることになります。でも、そういつも当たるはずはありません。そこで、あきらめてやめてしまうかといえば、それが人の心の不可思議さで、「次こそは」と、意地でも当たるまでやり続ける気になってしまうわけです。

パチンコ好きは、「1万円損したが、一回当たりがくればすぐに取り返せるよ」「大当たりを引くには、1万円くらいの投資は必要さ」と考えます。たしかに間違いではありませんが、計算どおりに取り返せるものだとしたら、パチンコ店は成り立っていないでしょう。

実は、**主婦はパチンコ依存になりやすい**といわれています。その大きな理由は、食費や生活費など、ある程度の現金を持ち歩いているため。「少しくらいならいいか」とパチンコ店に入り、「あと1000円だけ」などと言いながら、いつの間にか食費まで使ってしまうのです。

パチンコ依存はアルコール依存と同じように、本人には「依存している」という意識がほとんどないようです。決まった金額まででストップするとか、時間つぶしでやるというプチ依存にとどめておきたいものです。

ちなみに、「ひとりでゲームをするのが好きだ」「賭け事に強いほうだと思う」「よく宝くじを買う」「アウトドアの遊びはあまり興味がない」「何かに夢中になると食事をとらないこともある」などに思い当たる人は、はまりやすいといえるでしょう。

22

人目を気にせずに「つまようじ」を使うのは、幼稚な人

つまようじを使う場合、人前でも平気でできますか。ためらいながら使いますか。または、人には見せないようにしますか。そんなことから、その人の「大人度」が見えてきます。

食後の習慣として、つまようじを使う人は多いのですが、実は、これは日本人だけかも……。外国に行くと、食事につまようじが付いてくることは非常に少ないでしょう。

洋食にするか、そば屋にするか、それともラーメンか……。ランチで外食をしたあとは、歯の間にはさまったものが気になりますね。お店には、ほとんどの場合、テーブルの上に「つまようじ」が用意されていますが、まわりにお客さんがいるときは、思わず周囲を見まわしてしまうかもしれません。

①つまようじをもらって後で使う　マナーを心得ているので、大人度はなかなか高い人です。「人前では恥ずかしい姿を見せない」と意識しているのです。

②人目は気にせずに使う　恥ずかしい姿を見られても気にしないのは、かなり幼児性が強い証拠といえます。ただし、人がどう思おうと、自分の考えを貫くタイプともいえます。

③口元を隠して使う　よく女性に見られるしぐさです。用心深いタイプで、いつも人の目を意識しています。大人度はまあまあでしょう。

④つまようじは使わずに舌先でとる　何事も成り行き次第という性格です。さっぱりした性格に思えますが、その場かぎりの解決しかしない性格ともいえます。

23 「秘密だよ」と言われたら、親密になるチャンス

「内緒」という言葉は魔力を持っています。「秘密なんだが……」というのも同じです。それが「同じ釜の飯」の効果です。

同じ経験や秘密を共有していると、お互いの連帯関係を強め、親密の度合いがより強くなります。それは、あなたと友人との関係を思い返してみてもよくわかるはずです。一緒に授業をサボって映画を観に行ったり、苦手な科目の試験中にカンニングペーパーをそっと渡してやった——こんなことがあると、その友人との絆はグンと強くなったのではないでしょうか。

そこで、親しくなりたいと思っている人がいるなら、意図的にちょっとしたタブーを犯したり、秘密を共有すれば相手の心をつかめるといえます。もちろん、「本格的な犯罪を一緒にやれ」とすすめているわけではありません。同僚のミスを上司に知ら

れないうちにリカバーしてあげるとか、忘れ物をして困っている人にそっとそれを差し出し、「内緒だよ」と言えば十分です。ポイントは、ふたりの間に他人に話せない共有体験をつくってしまうことです。

「同じ釜の飯を食った」という言い方があるように、**共有体験が特別なものであればあるほど、深い仲間意識を持つ**ものです。「同郷」というのもそのひとつ。いままで「苦手だな」と思っていた人も、ある日、故郷が自分の隣町だとわかったとたん、親近感を覚えるようになったというのはよくある話です。同じ大学の出身者と仕事がしやすいのも、やはり共有体験のひとつでしょう。

この心理を商品の販売戦略に使う企業もあります。できるだけ多くの人の共感を得るために幼児体験を刺激し、商品イメージのアップを意識しているのです。学校の給食を再現して出すレストランなども、そういう心理を突いているといえるでしょう。いい大人が教室を模した質素な店内で、アルミのお皿からカレーやコッペパンなどを楽しそうにパクつくというのですから、幼児体験の影響力の強さには驚かされます。

また、初対面の相手に「よっ、戦友」と名のり、小金を借りる詐欺師が登場したこともありました。「同じ○○部隊にいた」と言われただけで、初対面の相手を信用してしまったわけですが、命を賭けて戦った「戦友」という言葉には、それだけ強い共有体験があったのでしょう。

このように、お互いに共有できる体験があると、心を許してもいいという気持ちになりやすいものです。この心理傾向を上手に利用すれば、赤の他人をあっという間に仲間に引き入れることもできます。**親しくなりたいと思った相手とはあれこれ話して共通項を探し出してみるといい**でしょう。

また逆のパターンで、知り合って間もない相手が「これは内緒なんだけど……」と自らの秘密を打ち明けてきたら、「急に親しげにしてきて、何か下心があるんじゃないか？」などと深読みせず、「そうなんです。実はここだけの話、私もですね……」と切り返しましょう。

そうすれば、親密度はグンと上がるでしょう。秘密の「密」は密着の「密」と同じ。お互いの距離を縮めるために、上手に秘密を使ってみませんか。

本作品は当文庫のための書き下ろしです。

多湖輝（たご・あきら）

1926年スマトラ島生まれ。東京大学文学部哲学科（心理学専攻）卒。千葉大学名誉教授。東京未来大学名誉学長。幼児教育から高齢者問題まで、多岐にわたる研究・発表を行ない、幅広い世代にかけて多くの支持を得ている。心理学研究のかたわら、累計1200万部を超える『頭の体操』シリーズをはじめ、数々のベストセラーを生み出してきた。また、ニンテンドーDS「レイトン教授シリーズ」のナゾ監修や、日本テレビ系「世界一受けたい授業」への出演など、多彩な活動を続けている。著書には『他人の心は「見た目」で9割わかる！』（だいわ文庫）、『頭の体操BEST』（光文社）、『「たった一言」の心理術』（三笠書房）、『しつけの知恵』（PHP研究所）、『頭のいい子が育つ親の習慣』（中経出版）など多数。

だいわ文庫

頭《あたま》の中《なか》は「しぐさ」で9割《わり》わかる！
読《よ》んですぐ使《つか》いたくなる心理学《しんりがく》91

監修者　多湖《たご》輝《あきら》

二〇一二年九月一五日第一刷発行

発行者　佐藤靖
発行所　大和《だいわ》書房
東京都文京区関口一－三三－四　〒一一二－〇〇一四
電話　〇三－三二〇三－四五一一
装幀者　鈴木成一デザイン室
本文デザイン　菊地達也事務所
本文イラスト　草田みかん
編集協力　幸運社、岡崎博之
本文印刷　信毎書籍印刷
カバー印刷　山一印刷
製本　小泉製本

ISBN978-4-479-30397-8

http://www.daiwashobo.co.jp